O DIREITO À SAÚDE E O SISTEMA SUPLEMENTAR

CONTRACORRENTE

LUIZ CARLOS DA ROCHA

O DIREITO À SAÚDE E O SISTEMA SUPLEMENTAR

São Paulo

2018

Copyright © **EDITORA CONTRACORRENTE**
Rua Dr. Cândido Espinheira, 560 | 3º andar
São Paulo – SP – Brasil | CEP 05004 000
www.editoracontracorrente.com.br
contato@editoracontracorrente.com.br

Editores

Camila Almeida Janela Valim
Gustavo Marinho de Carvalho
Rafael Valim

Conselho Editorial

Alysson Leandro Mascaro
(*Universidade de São Paulo – SP*)

Augusto Neves Dal Pozzo
(*Pontifícia Universidade Católica de São Paulo – PUC/SP*)

Daniel Wunder Hachem
(*Universidade Federal do Paraná – UFPR*)

Emerson Gabardo
(*Universidade Federal do Paraná – UFPR*)

Gilberto Bercovici
(*Universidade de São Paulo – USP*)

Heleno Taveira Torres
(*Universidade de São Paulo – USP*)

Jaime Rodríguez-Arana Muñoz
(*Universidade de La Coruña – Espanha*)

Pablo Ángel Gutiérrez Colantuono
(*Universidade Nacional de Comahue – Argentina*)

Pedro Serrano
(*Pontifícia Universidade Católica de São Paulo – PUC/SP*)

Silvio Luís Ferreira da Rocha
(*Pontifícia Universidade Católica de São Paulo – PUC/SP*)

Equipe editorial

Carolina Ressurreição (revisão)
Denise Dearo (design gráfico)
Mariela Santos Valim (capa)

Dados Internacionais de Catalogação na Publicação (CIP)
(Ficha Catalográfica elaborada pela Editora Contracorrente)

R672   ROCHA, Luiz Carlos da.

O direito à saúde e o sistema suplementar | Luiz Carlos da Rocha – São Paulo: Editora Contracorrente, 2018.

ISBN: 978-85-69220-38-1

Inclui bibliografia

1. Direito à saúde. 2. Assistência médica. 3. Planos de saúde. I. Título.

CDU – 341.641

Impresso no Brasil
Printed in Brazil

SUMÁRIO

PREFÁCIO – Prof. Paulo Ricardo Schier 7

INTRODUÇÃO 15

CAPÍTULO I – BREVE RETROSPECTIVA DO DIREITO À SAÚDE NO BRASIL 19

CAPÍTULO II – O CIDADÃO NA SAÚDE PÚBLICA, UNIVERSAL E GRATUITA, COMO DIREITO FUNDAMENTAL 33

CAPÍTULO III – NATUREZA DOS SERVIÇOS PRIVADOS: SAÚDE SUPLEMENTAR, CARTEIRA DE CLIENTES, FUNDO FINANCEIRO, TRANSFERÊNCIA DE CARTEIRA E SUCESSÃO 41

CAPÍTULO IV – MUTUALISMO: NATUREZA JURÍDICA DOS PLANOS DE SAÚDE 55

CAPÍTULO V – CONSUMIDOR, ESTADO E REGULAÇÃO DOS PLANOS DE SAÚDE 69

CAPÍTULO VI – O CIDADÃO CONSUMIDOR NA SAÚDE SUPLEMENTAR 81

CAPÍTULO VII – O CONSUMIDOR, PLANOS DE SAÚDE E A SONEGAÇÃO DO DIREITO À SAÚDE PELO ESTADO 87

CAPÍTULO VIII – INCONSTITUCIONALIDADE DO ARTIGO 32 DA LEI N. 9.656/1998 105

CAPÍTULO IX – BREVES ANOTAÇÕES À LEI N. 9.656/1998.... 117

CONSIDERAÇÕES FINAIS 185

REFERÊNCIAS BIBLIOGRÁFICAS 187

PREFÁCIO

Apresentar o livro que Luiz Carlos da Rocha traz ao grande público é motivo de imensa alegria. Conheci o autor quando ingressei, em 1993, no escritório Miranda Coutinho, Caetano & Clève Sociedade de Advogados (em Curitiba), onde tive a honra de trabalhar como estagiário e, após graduado, como advogado associado. Nesse escritório pude aprender, e muito, com Jacinto Nelson de Miranda Coutinho, Manoel Caetano Ferreira Filho, Clèmerson Merlin Clève e com Luiz Carlos da Rocha. Fui estagiário de todos em períodos diferentes de minha experiência de vida por lá. Aprendi segredos da advocacia, da academia e fiz amizades sólidas. Escrever sobre a Miranda Coutinho, Caetano & Clève renderia um livro, tantas foram as aventuras vividas naquele espaço físico e espiritual. Todas as minhas lembranças daquela época são sempre carregadas de alegria e emoção.

Decorridos pouco mais de 20 anos desde 1993, reencontrei Rocha na UniBrasil. Da qualidade de amigo e ex-estagiário assumiria, a partir de então, a missão de orientá-lo em sua jornada acadêmica. Não foi uma tarefa difícil. Rocha, apesar da grande demanda de sua importante banca de advocacia, conseguiu ser um mestrando exemplar, inclusive cumprindo parte de seus créditos na *Universidad Pablo de Olavide*, em Sevilla – Espanha.

O tema que Rocha pesquisou, em seu mestrado junto ao Programa de Direitos Fundamentais e Democracia do Centro Universitário

Autônomo do Brasil – UniBrasil, e cujo resultado é publicado na presente obra, está vinculado com a questão da constitucionalização do direito à saúde, especialmente do sistema suplementar. Trata-se, portanto, de obra que está preocupada com a construção de uma compreensão adequada do sistema suplementar de saúde na perspectiva do regime jurídico dos direitos fundamentais e da constitucionalização do direito infraconstitucional.

Como se sabe, a promulgação da Constituição Federal de 1988 possibilitou a instauração de um novo momento político e jurídico no Brasil. Conhecida como "Constituição Cidadã", a lei fundamental em vigor consagrou a democracia, retomou o Estado de Direito, afirmou uma série de princípios fundamentais pautados na tutela da dignidade humana, do pluralismo político, da cidadania, dos valores sociais do trabalho e da livre iniciativa. Consagrou, ainda, extenso rol de direitos fundamentais. Inovou, nesse campo, ao incluir um significativo número de direitos sociais vinculados à ordem econômica, ao trabalho, à cultura etc., ao mesmo tempo em que garantiu direitos que já haviam sido incorporados ao patrimônio histórico e jurídico da comunidade brasileira. Apresentou algumas respostas para problemas do passado (como o repúdio à tortura, à censura, ao tratamento desumano ou cruel) e projetos para o futuro (erradicação da pobreza; construção de uma sociedade livre, justa e solidária; busca do pleno emprego e outras propostas típicas de um constitucionalismo dirigente). Ou seja, é possível afirmar que a Constituição do Brasil é uma resposta ao passado, uma garantia do presente e uma proposta para o futuro, como sempre defendeu Clèmerson Merlin Clève. Traz a nossa Constituição de 1988 texto que em seu conjunto afirma o Estado Social. É um documento analítico não por acidente ou preciosismo, mas por reflexo de seu caráter compromissório e plural. É uma Constituição, em suma, que transcende o sentido liberal do constitucionalismo, na medida em que não se limita a definir as formas de fundamentação, legitimação e limitação do poder e os aspectos procedimentais de produção do Direito e tomada de decisões (ao lado de alguns poucos direitos de cunho negativo). Essa transcendência se expressa pela afirmação de uma extensa pauta de princípios e direitos prestacionais que substanciam verdadeiros valores da comunidade, ou uma reserva de Justiça, caracterizando a República brasileira como um

O DIREITO À SAÚDE E O SISTEMA SUPLEMENTAR

Estado de Direito em sentido material e possibilitando a emergência de um Estado Constitucional.

Esse novo quadro foi muito significativo por diversos motivos. Cumpre, todavia, destacar que o mais relevante, certamente, foi o rompimento com os regimes político e jurídico autoritários que o Brasil atravessou entre 1964 e 1988. Com efeito, desde o golpe militar de 1964 a sociedade brasileira conviveu com um regime autoritário, em busca de legitimação e fundado, juridicamente, a partir de duas ordens paralelas: a ordem legal tradicional e a ordem legal da segurança nacional.[1] A primeira, de caráter constitucional, era integrada por toda a legislação liberal anterior a 1964; a segunda, institucional, compunha-se da legislação de segurança nacional, que restringia os direitos e garantias individuais. A teoria jurídica no Brasil, durante esse período, era vocacionada, com base num discurso liberal-individualista, à legitimação dos interesses do regime militar, voltado à implementação de um capitalismo desenvolvimentista. A ordem jurídica e seu discurso, nesse contexto, bem cumpriam seus papéis de legitimação do estado autoritário. Tratava-se de um sistema ilegítimo e de uma Constituição semântica.

Compreende-se, assim, o significado simbólico atribuído à Constituição de 1988. Todavia, logo após a sua promulgação, a afirmação da força normativa integral da Constituição não foi tarefa fácil, pois a comunidade brasileira presenciou uma situação paradoxal. Viveu-se, naquele momento, um sentimento simultâneo de euforia e desconfiança. Euforia tributária das possibilidades e potencialidades trazidas pela nova Lei Fundamental. Mas desconfiança também, fosse por decorrência do papel que o constitucionalismo brasileiro desempenhou no regime militar, fosse pela descrença de que haveria condições (políticas, econômicas, ideológicas etc.) para a plena realização da Constituição, fosse pela ausência de uma teoria constitucional capaz de dar conta de sua efetivação ou por decorrência de algumas críticas que o novo texto constitucional vinha recebendo de determinados setores conservadores da sociedade e dos próprios operadores do Direito. Não foram poucos os discursos de deslegitimação da nova ordem constitucional.

---

[1] CLÈVE, Clèmerson Merlin. *O direito em relação*. Curitiba: Gráfica Veja, 1983, p. 52.

Foi necessário, para atravessar esse período e alcançar uma visão mais adequada do constitucionalismo, um grande esforço. E, neste sentido, a comunidade acadêmica desempenhou relevante papel, desenvolvendo uma espécie de "nova pedagogia constitucional", num primeiro instante, bradando o discurso da força normativa da Constituição e deixando o texto constitucional protegido contra certos ataques infundados. Foi preciso convencer a sociedade como um todo e o ambiente acadêmico que (i) a Constituição não era apenas um conjunto de princípios e direitos desprovidos de eficácia, totalmente à disposição da boa vontade do legislador ordinário, (ii) que ela possuía uma normatividade própria, superior e vinculante, mesmo em relação aos princípios e normas programáticos, (iii) que o Poder Judiciário poderia ter acesso a esta normatividade constitucional através da lei ou, de forma direta, sem ou contra a lei, (iv) que as normas constitucionais (mesmo aquelas demandantes de lei ou políticas públicas) possuíam ao menos uma eficácia jurídica mínima, (v) que toda interpretação e aplicação do Direito deveria ser constitucional, (vi) demonstrar que a compromissoriedade e o pluralismo axiológico não eram defeitos e fruto de assistematicidade do texto (mas reflexo de uma decisão por certa concepção de democracia), (vii) que o texto analítico não era desnecessário (mas, antes, produto cultural e consequência da compromissoriedade). Era o momento do "Direito Constitucional da Efetividade".

Nesse quadro que se desenvolveu, por exemplo, a ideia de filtragem constitucional[2], que tomava como eixo a defesa da força normativa da Constituição, a necessidade de uma dogmática constitucional principialista, a defesa da legitimidade e vinculatividade dos princípios, o desenvolvimento de novos mecanismos de concretização constitucional, o compromisso ético dos operadores do Direito com a Lei Fundamental e a dimensão ética e antropológica da própria Constituição, a constitucionalização do direito infraconstitucional, bem como o caráter emancipatório e transformador do Direito como um todo. A noção de filtragem constitucional propunha que todo o direito infraconstitucional

---

[2] As ideias referidas sobre a categoria "filtragem constitucional" foram extraídas de SCHIER, Paulo Ricardo. *Filtragem constitucional*: construindo uma nova dogmática jurídica. Porto Alegre: Sérgio Antonio Fabris Editor, 1999.

fosse compreendido através do filtro normativo e axiológico da nova Constituição brasileira. Essa fase, embora tenha lançado os pressupostos de um novo constitucionalismo, haveria logo de ser, em parte, superada.

Com efeito, não demorou para que se desse conta de que o discurso da efetividade e força normativa, conquanto importante, não era suficiente. Foi ainda necessário, num segundo momento de desenvolvimento do constitucionalismo brasileiro pós-1988, tendo o "discurso da efetividade" se tornado consensual, tentar criar instrumentos dogmáticos que permitissem tecnicamente uma adequada realização da Constituição. A nova Constituição demandava categorias mais sofisticadas para lidar com o conjunto de princípios e direitos fundamentais. Assim, todos os debates sobre colisão de direitos fundamentais, ponderação, princípio da proporcionalidade, núcleo essencial dos direitos fundamentais, complexidade estrutural desses direitos, cláusula de proibição de retrocesso social, as formas de relação entre direitos e princípios fundamentais com a lei, limites e restrições dos direitos fundamentais, eficácia horizontal dos direitos fundamentais, modulação de efeitos do controle de constitucionalidade, interpretação conforme a Constituição, cláusula de abertura dos direitos fundamentais para os tratados internacionais etc., que já não eram mais novidade na Europa, chegam ao Brasil com justificado atraso. Esses debates não teriam sentido num contexto de constituição semântica e somente poderiam ganhar território após o convencimento sobre a força normativa de uma Constituição que possuía um texto que ultrapassava os limites do constitucionalismo liberal com o qual se estava culturalmente acostumado. Em outros termos, o constitucionalismo brasileiro não possuía tradição no enfrentamento de questões e nem categorias para dar conta de uma Constituição material, plural, compromissória e emancipatória, dotada de forte caráter dirigente.

Esse é o contexto no qual se desenrola o processo de constitucionalização do direito infraconstitucional no Brasil. É preciso, então, ressaltar que se trata de um processo de constitucionalização ainda recente. Um processo de constitucionalização confuso, que oscila entre a necessidade ainda rudimentar de autoconvencimento da aplicação das normas constitucionais no universo do direito infraconstitucional e o desenvolvimento, por vezes, de discursos altamente sofisticados no âmbito da dogmática constitucional. Um processo que, por vezes, ainda guarda a herança de institutos e teorias autoritárias e, por outras, apresenta propostas e leituras extremamente inovadoras e arrojadas. Uma constitucionalização que consegue compreender toda a complexidade que decorre desse processo/imposição e, ao mesmo tempo, infelizmente com maior frequência, constrói discursos simplificadores.

Apesar do quadro não homogêneo, muito se avançou. Mas é preciso reconhecer a necessidade de dar continuidade ao processo de constitucionalização do direito.

Deveras, muitas são as propostas de estudo, no Brasil, que têm como mote central a constitucionalização do Direito. Contudo, é preciso reconhecer que, não raro, o que se tem assistido, em verdade, é uma "constitucionalização de fachada" ou "constitucionalização retórica". Não são poucos os textos acadêmicos que, ainda sob o pretexto do discurso da constitucionalização, fazem uma apologia ao Direito Constitucional nos prólogos dos estudos, mas no desenvolvimento dos temas não abordam nenhuma categoria da dogmática constitucional (ou até mesmo negam tudo o que foi escrito nos capítulos iniciais). Isso quando não se reduz o processo de constitucionalização a uma leitura meramente formal, como se fosse suficiente, para tratar de uma compreensão constitucionalizada, a simples referência a alguns poucos dispositivos da Lei Fundamental. Tem-se a impressão, assim, que o tema da constitucionalização tornou-se um imperativo acadêmico que, ao menos formalmente, precisa ser referido. Cumprida a formalidade, parece manifestar-se uma autorização implícita para se abordar qualquer tema ou utilizar-se qualquer espécie de *fala*.

O trabalho de Luiz Carlos da Rocha, como afirmei anteriormente, insere-se nesse contexto histórico do discurso constitucional brasileiro. Propõe um diálogo efetivo, no plano do direito à saúde, entre Direito Constitucional, Direito Administrativo e até mesmo Direito Econômico e cooperativo. *Todavia o autor não cai no lugar comum e nos erros correntes. Não faz "constitucionalismo de fachada"*, o que permitiu a construção de teses ousadas.

De fato, Rocha demonstra, em seu livro, que a intervenção do Estado no campo da saúde suplementar, determinando ampliação de coberturas (novos tratamentos, exames e medicamentos não contratados originalmente), pode não ser algo democrático e nem benéfico para os cidadãos, para citar uma das ideias centrais da pesquisa. Isso porque, em regra, o sistema é cooperativo. Ao determinar a ampliação compulsória de coberturas o Estado impõe ao conjunto dos cidadãos cooperados o dever de arcar com novos custos, tornando o acesso à saúde suplementar mais caro e elitizado.

Nesse modelo a intervenção estatal não é democratizante. As novas coberturas de planos de saúde não são financiadas e nem subsidiadas pelo Estado e, na prática, elas representam apenas uma transferência do dever de financiamento. O Estado impõe aos cidadãos usuários da saúde suplementar a contratação de um novo produto que vai gerar (i) o encarecimento dos planos contratados ou (ii) em relação aos contratos já firmados, a crise financeira e atuarial das cooperativas, mormente das menores. Rocha não afirma isso – nem foi objeto direto da pesquisa e sequer dados foram levantados neste aspecto –, mas seria possível cogitar, a partir da leitura do livro, sobre a existência, inclusive, de estratégia em termos de políticas públicas para "quebrar" as cooperativas menores. Mas – reitero – esta não é a tese do autor.

Como se percebe, o autor não segue a linha, que seria simpática – mas não necessariamente correta –, de que o direito à saúde "garante tudo e cada vez mais" para todos, mormente no sistema suplementar. Rocha, na academia, não perde a personalidade que marca a sua advocacia: a coragem. Com efeito, o autor afirma, com fundamentos sólidos:

> Está bem desenhado que, obviamente, esse processo não interessa somente ao Estado, que evidentemente se desonera com essa transferência de responsabilidade, mas também às grandes operadoras. Isso porque, inequívoco que os grandes fundos, operados por grandes operadoras, não só suportam com mais facilidade o processo de aumento das coberturas obrigatórias, mas também ganham com eles pela absorção dos fundos menores, não raro por intervenção direta da ANS, e também ganham mais poder de negociação no repasse de custos para os contratos coletivos.

Rocha, na sequência de seu estudo, ao analisar a situação concreta do no artigo 32 da Lei Federal n. 9.656/98, defende, com toda razão, a inconstitucionalidade da previsão de ressarcimento ao SUS, pelas operadoras de planos de saúde, dos tratamentos contratados que eventualmente sejam atendidos no sistema público.

A situação é a seguinte. O cidadão contrata o plano de saúde e paga por ele como contraprestação e financiamento do sistema de mutualismo. Se, por alguma razão qualquer, o usuário do sistema suplementar precisar ser atendido no SUS, este cobra das cooperativas o valor do tratamento ou da intervenção tal como se fosse particular.

Rocha demonstra que esse mecanismo de ressarcimento é inconstitucional, pois obriga o cidadão a pagar duas vezes pelo serviço público: ao pagar os tributos, já tem direito ao acesso universal ao SUS; por ser usuário do sistema suplementar, é punido e precisa pagar novamente através do repasse/ressarcimento da cooperativa, onerando todos os demais cooperados. Ademais, em tal situação, o Poder Público, por via transversa, na prática está cobrando o atendimento feito no SUS, inclusive de forma seletiva, o que é constitucionalmente vedado.

Enfim, o presente livro apresenta teses corajosas e bem fundamentadas, capazes de colocar o leitor a pensar, com serenidade, sobre o papel do Estado na realização dos direitos sociais e, mais especificamente, sobre as formas como o Estado, sob o pretexto de realizar direitos sociais, cria obstáculos e dificuldades.

Por isso tudo o livro é desafiador e proporciona importantes reflexões. Certamente os leitores irão gostar. A comunidade jurídica, assim, parabeniza Luiz Carlos da Rocha e a editora por proporcionarem tão rica experiência.

Curitiba, 29 de agosto de 2017.

Prof. Paulo Ricardo Schier

Doutor em Direito Constitucional pela UFPR. Estudos pós-doutorais na Universidade de Coimbra. Professor do Centro Universitário Autônomo do Brasil. Membro da Comissão de Estudos Constitucionais da OAB/PR.
Advogado militante.

INTRODUÇÃO

No âmbito normativo do artigo 197 da Carta de 1988, o legislador constituinte garantiu a participação da iniciativa privada na assistência à saúde apenas como coadjuvante do sistema público estatal de saúde.

Para o Estado brasileiro a saúde é um dever que decorre de um direito fundamental do cidadão, que, ao mesmo tempo, tem na assistência privada à saúde uma faculdade, uma opção cujo exercício não se dá em prejuízo do primeiro.

As portas da assistência à saúde para a ampla participação da iniciativa privada foram abertas no texto do artigo 197, da Constituição Federal, que, ao dispor sobre a relevância pública das ações e dos serviços de saúde, autorizou sua execução "através de terceiros e, também, por pessoa física ou jurídica de direito privado".

No artigo 199, o constituinte arrematou: "A assistência à saúde é livre à iniciativa privada: § 1º As instituições privadas poderão participar de uma forma complementar do sistema único de saúde, segundo diretrizes deste, mediante contrato de direito público ou convênio, tendo preferência as entidades filantrópicas e as sem fins lucratrivos".

Assim, a Constituição Federal prevê duas formas bem distintas de participação da iniciativa privada na assistência à saúde.

Uma que atua de forma complementar ao sistema público, dentro do seu âmbito, integrada e em cooperação com ele, onde inserem imensa gama de variados serviços de assistência privada credenciados ao Sistema Único de Saúde, tais como hospitais, clínicas e laboratórios.

A outra forma atua completamente fora do âmbito público, sendo inclusive proibida qualquer forma de cooperação estatal, eis que "vedada a destinação de recursos públicos para auxílios ou subvenções às instituições privadas com fins lucrativos" (artigo 199, § 2º).

É assim que se deve organizar o chamado Sistema Suplementar de Saúde, operação inteiramente privada em que o cidadão está autorizado a se associar para, por meio de um processo de mutualismo, na forma do regramento estabelecido pela Lei n. 9.656/1998, constituir fundos financeiros para prover sua própria assistência à saúde.

A mesma lei também institui o poder regulatório do Estado sobre a atividade dos planos de saúde, que já atuavam no país antes mesmo do novo ordenamento constitucional, mas sem qualquer fiscalização e controle estatal.

No entanto, além da virtude de promover e preservar o equilíbrio econômico-financeiro, a segurança jurídica e a transparência, a regulação da saúde suplementar, como se verá, tornou-se um mecanismo pelo qual, silenciosamente, o Estado passou a se desonerar, transferindo para o cidadão obrigações que inegavelmente o constituinte, pelo comando do artigo 196, da Carta constitucional, lhe atribuiu e das quais não pode se desobrigar.

Uma boa compreensão da natureza e da complexidade das atividades dos planos privados de assistência à saúde, como atividade econômica que opera com recursos que pertencem ao consumidor, é o modo mais singelo de impedir que o Estado/devedor se desonere das obrigações que tem para com o cidadão/credor no âmbito do programa constitucional, transferindo para este o ônus da assistência à saúde, universal e gratuita.

INTRODUÇÃO

Nesse contexto, inevitável também a análise da constitucionalidade do artigo 32, da Lei n. 9.656/98, que atribuiu o direito ao Estado de cobrar pela assistência à saúde prestada aos consumidores associados aos planos de saúde, um dos flagrantes mais eloquentes dessa transferência para o cidadão do referido ônus estatal.

Capítulo I
BREVE RETROSPECTIVA DO DIREITO À SAÚDE NO BRASIL

Até o advento da Constituição de 1988, a assistência à saúde se desenvolveu no Brasil orientada por uma visão mercantilista que priorizava o desenvolvimento de uma medicina privada e de especialidades, dirigida obviamente só a quem detinha poder aquisitivo para adquiri-la.

Tratava-se de uma concepção estreita e individualista, que reduzia os cuidados de saúde ao oferecimento de serviços médico-hospitalares, que os mais ricos deveriam comprar e os mais pobres só receberiam precariamente, como um favor do Estado e na dependência de sobras orçamentárias.[3]

Essa modalidade de assistência à saúde individual só era oferecida gratuitamente mediante a situação de pobreza do cidadão. Uma filantropia. Não se tratava de um direito.

Nos anos 1980, década da grande mudança constitucional no Brasil, o tema era tratado na Constituição apenas com um sentido de

---

[3] DALLARI, Dalmo de Abreu. "Apresentação". *In:* CARVALHO, Guido Ivan; SANTOS, Lenir. *Sistema único de saúde*. São Paulo: Hucitec, 1992, pp. 9-11.

organização administrativa de combate a endemias e epidemias[4], que se colocavam como os grandes desafios do Estado, relegando a assistência à saúde do cidadão ao trabalho da filantropia ou de empresas privadas, cujo acesso, como dito, dependia sempre do poder aquisitivo do cidadão.

Dessa forma, a "Carta Magna apenas enunciava a saúde como direito do cidadão, reduzindo-a, porém, ao conceito de 'assistência sanitária, hospitalar e médica preventiva' (art. 165, XV, da Constituição de 67/69)".[5]

Nesse contexto, a assistência à saúde, quando dada pelo Estado, era apenas como uma contraprestação devida aos trabalhadores que contribuíam para o sistema de previdência social, completamente destituída, portanto, da gratuidade.

Embora já fosse objeto de dura crítica de diversos setores da sociedade já na década de 1970, a velha concepção de medicina só começou a encontrar resistência dentro do aparelho estatal brasileiro a partir de janeiro de 1983, pois, "apenas com a saída dos militares do poder os sanitaristas puderam efetivamente ocupar posições-chave nas instituições que gerenciavam a política de saúde no país".[6]

Os chamados sanitaristas tinham uma visão multidisciplinar e coletiva da saúde, entendendo-a não só como uma ferramenta para tratar as consequências da patologia, mas como um conjunto integrado de ações capazes de promover a saúde da população em diversas frentes, com atenção especial ao aspecto preventivo.

De fato, a redemocratização do país, que deu largos passos no início da década de 1980, permitiu uma ampla convocação da sociedade para que se realizasse a Oitava Conferência Nacional de Saúde, a

---

[4] SILVA, José Afonso. *Curso de direito constitucional positivo.* 17ª ed. São Paulo: Malheiros, 2000, pp. 311/312.

[5] CARVALHO, Guido Ivan; SANTOS, Lenir. *Sistema único de saúde*: comentários à Lei Orgânica da Saúde. (Lei 8.080/90 e Lei 8.142/90). São Paulo: Hucitec, 1992, p. 21.

[6] DALLARI, Dalmo de Abreu. "Apresentação". *In:* CARVALHO, Guido Ivan; SANTOS, Lenir. *Sistema único de saúde.* São Paulo: Hucitec, 1992, pp. 10/11.

CAPÍTULO I – BREVE RETROSPECTIVA DO DREITO À SAÚDE...

trincheira em que os sanitaristas se postaram durante a ditadura na luta para a busca de um modelo de saúde coletiva que atendesse às baixas camadas da população.

O evento mobilizou a sociedade brasileira que, por meio de suas associações de profissionais liberais, sindicatos de trabalhadores, conselhos profissionais, associações de moradores, foi capaz de expressar nele, razoavelmente, toda a sua diversidade.

A VIII Conferência tornou-se o marco histórico mais importante no processo de constituição de uma plataforma e de estratégias a favor da democratização da saúde, pois "foram lançados os princípios da Reforma Sanitária e a aprovação da criação de um sistema único de saúde, que configurasse um novo arcabouço institucional, com a separação total da saúde e da previdência social. Dos postos do Executivo para a Assembleia Constituinte, grande parte das propostas do movimento sanitário foi debatida e aprovada através da Constituição de 1988. Ficaram estabelecidos os princípios e diretrizes do SUS".[7]

Não é nenhum exagero afirmar que esse novo horizonte democrático também já foi resultado da necessidade de superação do isolamento que as chamadas especialidades produziram até entre as ciências.

Um movimento que envolvia praticamente todos os profissionais da medicina (do médico ao farmacêutico) com os de outras áreas (como engenharia, arquitetura, direito, ciências sociais e outras) implicava na reaproximação das ciências naturais com as ciências sociais, apontando para um novo paradigma social, que Boaventura chama de paradigma de uma vida decente, apontando para a redução da distinção entre as ciências, que também já se fazia presente no ideário do movimento sanitarista brasileiro, plenamente integrado à luta pela redemocratização do Brasil e por um novo ordenamento constitucional que espelhasse seus ideais.[8]

---

[7] SOUZA, Jessé. *A ralé brasileira*: quem é e como vive. São Paulo: Editora Contracorrente, 2018, p. 334.

[8] SANTOS, Boaventura de Sousa. *Um discurso sobre as ciências*. 8ª ed. Porto: Afrontamento, 1996.

Então não se pode desconhecer que esse novo *"paradigma social"*, nos horizontes que a conjuntura nacional permitia, já estava no contexto do objetivo da luta pela superação da velha concepção de medicina mercantilista de especialidades.

Como resultado direto disso, e que interessa destacar aqui, é que os artigos 6º e 196, da Constituição Federal de 1988, elevaram a saúde à condição de dever do Estado, que, como se extrai do texto, deve ser garanti-lo mediante "políticas sociais e econômicas que visem à redução do risco de doença e de outros agravos e ao acesso universal e igualitário às ações e serviços para sua promoção, proteção e recuperação".

Num só tempo, a assistência à saúde também foi elevada à condição de direito social e subjetivo do cidadão, um princípio com força normativa suficientemente eficaz para garantir sua postulação em juízo e sujeitar o Estado ao dever de provê-lo.

O artigo 198 da Constituição apontou o caminho para a sua concretização ao impor que as ações e os serviços públicos de saúde deveriam "integrar uma rede regionalizada e hierarquizada", constituindo um sistema único, organizado de acordo com as diretrizes nela estabelecidas.

Assim, abriu-se o caminho para ao legislador ordinário, por meio da Lei n. 8.080/90, dar vida ao SUS, Sistema Único de Saúde, instrumento concebido pelo constituinte para concretizar o acesso universal à saúde, consagrando finalmente a nova concepção para orientar as ações do Estado na saúde.

O SUS foi, induvidosamente, fruto do "encontro e [d]a interligação das áreas da Saúde e do Direito em nível teórico e prático. O mundo inteiro já percebeu que o isolamento rigoroso de áreas científicas em compartimentos estanques, bem ao gosto do positivismo do século dezenove, é altamente prejudicial, impedindo um intercâmbio sempre benéfico e que as últimas conquistas da ciência e da tecnologia tornaram necessário".[9]

---

[9] DALLARI, Dalmo de Abreu. "Apresentação". *In:* CARVALHO, Guido Ivan; SANTOS, Lenir. *Sistema único de saúde*. São Paulo: Hucitec, 1992, pp. 10/11.

CAPÍTULO I – BREVE RETROSPECTIVA DO DREITO À SAÚDE...

Assim, a concepção que orientou a criação do sistema único foi fruto de uma inequívoca convergência da diversidade da sociedade brasileira, para o qual conspirou o pensamento de que a saúde pública deveria ser vista a partir de diferentes olhares, do médico, mas também do cientista social, do filósofo, das ciências exatas e do Direito.

O mesmo Boaventura descreve bem esse processo ao anotar que "a concepção humanística das ciências sociais enquanto agente catalisador da progressiva fusão das ciências naturais e ciências sociais coloca a pessoa, enquanto autor e sujeito do mundo, no centro do conhecimento, mas, ao contrário das humanidades tradicionais, coloca o que hoje designamos por natureza no centro da pessoa. Não há natureza humana porque toda a natureza é humana. É pois necessário descobrir categorias de inteligibilidade globais, conceitos quentes que derretam a realidade. A ciência pós-moderna é uma ciência assumidamente analógica que conhece o que conhece pior através do que conhece melhor. Já se mencionou a analogia textual e julgo que tanto a analogia lúdica como a analogia dramática, como ainda a analogia biográfica, figurarão entre as categorias matriciais do paradigma emergente: o mundo, que hoje é natural ou social e amanhã será ambos, visto como um texto, como um jogo, como um palco ou ainda como uma biografia".[10]

A partir dessa perspectiva, também é importante anotar, a saúde pública, universal e gratuita, passa a ser uma ferramenta primordial na concretização do programa constitucional de erradicação da miséria e desigualdade social que marca a sociedade brasileira.

De fato, já havia "a preocupação com trabalhos interdisciplinares, muito vivo nas universidades (...) Nas discussões travadas antes e durante a constituinte de 1987/1988 houve substancial mudança de atitudes dos especialistas de ambas as áreas. Disso resultou a inclusão de um capítulo extremamente importante na Constituição brasileira de 1988, a par da preocupação com a previsão dos meios para efetivação do direito à saúde. A interferência de grupos representativos de interesses econômicos e de

---

[10] DALLARI, Dalmo de Abreu. "Apresentação". *In:* CARVALHO, Guido Ivan; SANTOS, Lenir. *Sistema único de saúde.* São Paulo: Hucitec, 1992, p. 44.

outros ainda apegados a uma visão exageradamente individualista e médico-hospitalar da saúde prejudicou, em parte, o avanço no sentido da efetiva garantia do direito à saúde para todos, sem qualquer discriminação ou marginalização".[11]

A nova concepção emergiu com o novo ordenamento constitucional, cujo programa comprometeu toda a administração pública brasileira, em todas as suas esferas, que, por seu turno, passou a atuar, com maior ou menor intensidade, na busca da concretização do programa constitucional do direito à saúde.

A atenção com todos esses aspectos estava presente no horizonte dos que se dedicaram aos estudos para elaboração e também a interpretação desse novo marco legal da saúde no Brasil.

Esse aspecto é bem retratado por Guido Ivan de Carvalho ao recomendar "aos interessados no conhecimento da LOS os elementos que não podem ficar de fora da reflexão do intérprete e do aplicador da norma", invocando as lições de Carlos Maximiliano.[12]

---

[11] DALLARI, Dalmo de Abreu. "Apresentação". *In:* CARVALHO, Guido Ivan; SANTOS, Lenir. *Sistema único de saúde*. São Paulo: Hucitec, 1992, pp. 10/11.

[12] CARVALHO, Guido Ivan; SANTOS, Lenir. *Sistema único de saúde*: comentários à Lei Orgânica da Saúde. (Lei 8.080/90 e Lei 8.142/90). São Paulo: Hucitec, 1992, p. 21: "A lei não brota do cérebro do seu elaborador, completa, perfeita, como um ato de vontade independente, espontâneo. Em primeiro lugar, a própria vontade humana é condicionada, determinada; livre na aparência apenas (...) A base de todo trabalho do exegeta seria uma ficção: buscaria uma vontade possível, agente, ativa no passado e as conclusões logicamente decorrentes desse intento primitivo. Não se trata apenas dos tempos imediatamente posteriores à lei, quando é menos difícil estudar e compreender o meio, o ambiente em que foi o texto elaborado, as ideias dominantes, as divisões das assembleias, as vitórias parciais de um grupo, as transigências da maioria com este ou aquele pendor dos contrários. A tarefa, nesse caso, ainda seria pesada, porém em grande parte realizável. Entretanto, a letra perdura, e ávida continua; surgem novas ideias; aplicam-se os mesmos princípios a condições sociais diferentes; a lei enfrenta imprevistas criações econômicas, aspirações triunfantes, generalizadas no país, ou no mundo civilizado; há desejo mais veemente de autonomia de um lado, e maior necessidade de garantia por outro, em consequência da extensão das relações e das necessidades do crédito. Força é adaptar o Direito a esse mundo novo, aos fenômenos sociais e econômicos em transformação constante, sob pena de não ser efetivamente justo – *das richtige Recht*, na expressão feliz dos tudescos".

CAPÍTULO I – BREVE RETROSPECTIVA DO DREITO À SAÚDE...

Esse espírito de compreensão da norma jurídica e da realidade, voltado para o objetivo de concretizá-la, tinha todo sentido porque o novo nasceu sem que o velho tivesse morrido e tampouco tinha disposição para tanto[13], como bem retratou todo o debate que se estabeleceu na constituinte entre os que advogavam por uma saúde pública e aqueles que estavam apegados a uma visão privatista da saúde, que marcava a realidade anterior.

Nesse caso, o velho e o novo "são dois sistemas de saúde diametralmente opostos, destacando-se, no novo sistema, de um lado o reconhecimento de que a saúde é um direito fundamental do ser humano e, de outro, o conceito abrangente de saúde. Saúde não significa mais assistência médico-hospitalar, curativa ou preventiva. Saúde é o resultado de políticas públicas do Governo".[14]

Disso decorreu que o resultado final do grande debate que marcou o tema do direito à saúde na Assembleia Nacional Constituinte, a luta entre o velho e o novo, foi o de um inevitável consenso em que o novo nasceu e o velho, embora derrotado, também preservou algum espaço, mas não mais como o protagonista principal, sendo substituído pelo sistema público.

Mas, inequivocamente, o constituinte preservou um papel para a iniciativa privada, resultado da forte presença daquele velho modelo de saúde em parcela expressiva da Assembleia Constituinte, tal como se extrai do texto do artigo 199, da nova Carta: "assistência à saúde é livre à iniciativa privada".

As organizações privadas podem atuar na assistência à saúde de diversas formas.

Assim, importante anotar que esse resultado nasceu em razão da rejeição da concepção que, ente os constituintes, lutava por um sistema

---

[13] A menção a Carlos Maximiliano tem aqui apenas a finalidade de retratar que, de fato, havia o empenho de estabelecer um diálogo multidisciplinar que houve na elaboração no marco histórico do Sistema Único de Saúde.

[14] CARVALHO, Guido Ivan; SANTOS, Lenir. *Sistema único de saúde*: comentários à Lei Orgânica da Saúde. (Lei 8.080/90 e Lei 8.142/90). São Paulo: Hucitec, 1992, p. 21.

exclusivamente estatal, sem nenhuma presença da iniciativa privada, sob o pressuposto de que "a segmentação de clientelas entre a assistência pública e a privada, esta última formalizada pela regulamentação da assistência supletiva no final da década de 1990, evidencia a inviabilidade do ideal da saúde como um direito de todos e um dever do Estado".[15]

Mas a dicotomia entre o público e o privado não foi superada pelo advento da nova Constituição, pois a incompreensão entre as duas visões ideológicas colocou-se como obstáculo sobre a possibilidade de estabelecer objetivos comuns e seguiu presente em toda a produção legislativa na área da saúde nos anos que se seguiram ao novo ordenamento constitucional, de modo que o privado só conversa com o público se para atuar dentro deste, na modalidade de credenciamento, por exemplo.

Essa incompreensão conduz a "muitas duplicidades e ineficiências na convivência dos dois setores. A Constituição vigente estipula que a saúde é um dever do Estado, mas afirma que a assistência à saúde é livre à iniciativa privada. O sistema de saúde brasileiro é atípico, pois tanto o setor público quanto o privado são importantes; na maioria dos países um setor predomina (o setor público nos países europeus e Canadá, o setor privado nos EUA e na maioria dos países de baixa renda). Na falta de um marco regulatório adequado que defina os papéis de cada um de maneira mais clara, a relação entre os dois setores no Brasil torna-se conflituosa".[16]

Na realidade, a falta de um marco regulatório decorre do medo e da desconfiança de que, a pretexto de estabelecer a cooperação entre os dois sistemas, o governo de plantão venha a sentir-se autorizado a dar início à tão temida privatização da saúde.

Esse receio tem impedido o sistema público de explorar e aproveitar toda a capacidade instalada do sistema privado.

---

[15] SOUZA, Jessé; LUNA, Lara. "Fazer viver e deixar morrer: a má-fé da saúde pública no Brasil". *In*: SOUZA, Jessé (coord.). *A ralé brasileira*: quem é e como vive. São Paulo: Editora Contracorrente, 2018, p. 330.

[16] CECHIN, José (coord.). *A história e os desafios da saúde suplementar*: 10 anos de regulação. São Paulo: Saraiva, 2008, p. 62.

CAPÍTULO I – BREVE RETROSPECTIVA DO DREITO À SAÚDE...

Assim, o fato é que o novo e o velho persistiram e seguiram caminhos em que, em muitas situações, fazem as mesmas coisas, mas se recusam a dialogar e cooperar.

Mas é claro que o sistema que emergiu na Constituição brasileira é híbrido.

Um sistema público alçado pelo constituinte como o grande protagonista e coexistindo com um sistema privado que tanto pode servi-lo de maneira complementar, como ter uma atuação completamente independente, prestando serviços diretamente ao cidadão fora do público e, nas duas situações, como atividade econômica, como se verá adiante.

A iniciativa privada está autorizada a atuar totalmente fora do público, de maneiras variadas, e, no que importa aqui, por meio do Sistema Suplementar de Saúde, com natureza e conceito de mutualismo por meio do qual, como se verá, a empresa operadora de planos privados de saúde oferece ao cidadão "coberturas facultativas para bens e serviços não cobertos ou inadequadamente cobertos pelo sistema principal (...) Essa cobertura pode inclusive duplicar a cobertura do sistema principal"[17], compreendendo-se aqui como principal o sistema público.

A concepção construída pelo constituinte, portanto, autoriza afirmar que ambos, público e privado, juntos ou separadamente, podem atuar de modo a maximizar a assistência à saúde do cidadão, isto na medida em que ele sempre terá o direito a extrair de um o que o outro não tem, ou, sempre e ao mesmo tempo, o que ambos podem dar de melhor.

Nesse contexto, não se pode deixar de referir que a dura realidade do orçamento público, particularmente em momentos de crise, impôs, ao longo desses anos de vigência da nova Carta, a forçada coexistência do público com o privado que, paradoxalmente (pois, como visto, se rejeitam), puderam contribuir para concretizar o imperativo constitucional, cada um ao seu modo.

---

[17] CECHIN, José (coord.). *A história e os desafios da saúde suplementar:* 10 anos de regulação. São Paulo: Saraiva, 2008, p. 60.

Sob os aspectos político, econômico e financeiro, é forçoso reconhecer que o mercado de saúde suplementar passou a atuar como um elemento de desoneração do SUS, eis que a conhecida incapacidade orçamentária, muitas vezes também de gestão deste, tornou-se um elemento que contribui para o inevitável crescimento do mercado privado de saúde: como regra, o cidadão contrata um plano privado para não ter que recorrer às filas do SUS.

Isso porque, é sabido que, embora a dogmática constitucional tenha elevado a saúde à condição de direito fundamental, um "SUS, em construção há quase um quarto de século (desde a Constituição Federal de 1988), ainda não logrou êxito completo em sua meta de universalidade e integralidade. Se o SUS estivesse em condições de cumprir satisfatoriamente com seu dever constitucional, garantindo às pessoas o efetivo acesso tempestivo aos serviços de assistência médica, não haveria por que as pessoas contratarem planos ou seguros de saúde, pois já estariam cobertas pelo sistema público. Apenas aquelas que desejassem serviços diferenciados de hotelaria hospitalar necessitariam de um seguro saúde adicional".[18]

No entanto, é fato que, apesar da sua importância, persiste em amplos setores da doutrina, da administração pública no âmbito do SUS, do Ministério Público, dos parlamentos e do Judiciário, aquele velho preconceito ideológico contra a iniciativa privada na saúde.

Criou-se uma espécie de *senso comum* de que a atividade privada na saúde constitui um ramo empresarial bem-sucedido que, ao explorar a assistência à saúde dos incautos, experimenta grandes lucros.

Lamentavelmente, o espírito da cooperação ainda não chegou aos ideólogos e gestores do sistema público de saúde a ponto de estabelecer modos de relacionamento que pudessem disponibilizar ao cidadão o que os dois têm de melhor.

---

[18] CECHIN, José. "Fatos da vida e o contorno dos planos de saúde". *In:* CARNEIRO, Luiz Augusto Ferreira (coord.). *Planos de saúde, aspectos jurídicos e econômicos.* Rio de Janeiro: Forense, 2012, p. 197.

CAPÍTULO I – BREVE RETROSPECTIVA DO DREITO À SAÚDE...

Já se tem ampla compreensão na doutrina jurídica das possibilidades de cooperação material no plano interno[19], cuja concretização já trouxe para o ambiente jurídico as sociedades organizadas da sociedade civil (OSIPs) e as parcerias públicas privadas (PPPs), mas não ao ponto de produzir efeitos que possam transformar a realidade da saúde pública e também privada.

Quiçá seja necessário que o tempo ainda demonstre que há mais de uma verdade nesse importante segmento da vida brasileira e que a falta de uma boa compreensão de toda a sua complexidade tem levado a um crescente e preocupante processo de sonegação de direitos à saúde do cidadão.

Sempre como uma atividade econômica, o seguro saúde existe no Brasil desde a primeira metade do século XX[20] e ganhou corpo a partir da congregação de médicos de diversas especialidades para prestar atendimento de maneira articulada e também como modo de cobrar preços melhores na venda direta dos serviços ao seu consumidor, que pode se dar de modo mais completo, com uma cobertura envolvendo o maior número de especialidades possível.

Assim, "acabaram comprando, arrendando ou alugando as instalações hospitalares e de clínicas já existentes em sua área geográfica de atuação, tornando-se grandes operadoras de planos e seguros privados de assistência à saúde".[21]

Antes do novo ordenamento constitucional os planos de saúde atuavam sem o elemento regulador, sem as garantias que vieram com a Lei n. 9.656/98, e, depois, com a Lei n. 9.961/2000.

Antes desses marcos regulatórios, como se pode até intuir, expunham o consumidor que participava desse sistema a toda sorte de risco.

---

[19] MALISKA, Marcos Augusto. *Fundamentos da constituição*: abertura – cooperação – integração. Curitiba: Juruá, 2013.

[20] Lei Eloi Chaves em 1923 e o Decreto-Lei n. 73/1966.

[21] BOTTESINI, Maury Ângelo. "Contratos de planos e seguros privados de assistência à saúde: princípios básicos da atividade: suporte jurídico-legal e constitucional". In: CARNEIRO, Luiz Augusto Ferreira (coord.). *Planos de saúde*: aspectos jurídicos e econômicos. Rio de Janeiro: Forense, 2012, p. 53.

O novo regramento criou uma nova cena de proteção aos direitos do cidadão usuário do sistema, exigindo que as antigas operadoras se adaptassem no prazo de cento e oitenta dias[22] e de modo a ordenar todo o serviço e a preservar os direitos de todos os cidadãos que se encontravam utilizando o antigo sistema.

A relevância pública do segmento da saúde suplementar no Brasil está estampada no fato de que, entre 1987 e 1992, particularmente a partir da regulamentação da Lei n. 9.656/98, dotou-se o sistema de maior segurança jurídica.

A partir daí o número de beneficiários em planos individuais cresceu cerca de 19,7% e atingiu 10,0 milhões de vínculos segundo o Caderno de Informações em Saúde Suplementar.

---

[22] "Art. 1º Submetem-se às disposições desta Lei as pessoas jurídicas de direito privado que operam planos de saúde ou seguros privados de assistência à saúde, sem prejuízo do cumprimento da legislação específica que rege a sua atividade adotando-se, para fins de aplicação das normas aqui estabelecidas, as seguintes definições (...)"
"Art. 8º Para obter a autorização de funcionamento, as operadoras de planos privados de assistência à saúde devem satisfazer os seguintes requisitos, independentemente de outros que venham a ser determinados pela ANS: I – registro nos Conselhos Regionais de Medicina e Odontologia, conforme o caso, em cumprimento ao disposto no art. 1º da Lei n. 6.839, de 30 de outubro de 1980; II – descrição pormenorizada dos serviços de saúde próprios oferecidos e daqueles a serem prestados por terceiros; III – descrição de suas instalações e equipamentos destinados à prestação de serviços; IV – especificação dos recursos humanos qualificados e habilitados, com responsabilidade técnica de acordo com as leis que regem a matéria; V – demonstração da capacidade de atendimento em razão dos serviços a serem prestados; VI – demonstração da viabilidade econômico-financeira dos planos privados de assistência à saúde oferecidos, respeitadas as peculiaridades operacionais de cada uma das respectivas operadoras; VII – especificação da área geográfica coberta pelo plano privado de assistência à saúde".
"Art. 9º Após decorridos cento e oitenta dias de vigência desta Lei, para as operadoras, e duzentos e quarenta dias, para as administradoras de planos de assistência à saúde, e até que sejam definidas, pela ANS, as normas gerais de registro, as pessoas jurídicas que operam os produtos de que tratam o inciso I e o § 1º do art. 1º desta lei, e observado o que dispõe o art. 19, só poderão comercializar estes produtos se: I – as operadoras e administradoras estiverem provisoriamente cadastradas na ANS; e II – os produtos a serem comercializados estiverem registrados na ANS".
"Art. 19. Para requerer autorização definitiva de funcionamento, as pessoas jurídicas que já atuavam como operadoras ou administradoras dos produtos de que tratam o inciso I e o § 1º do art. 1º desta Lei, terão prazo de cento e oitenta dias, a partir da publicação da regulamentação específica pela ANS".

CAPÍTULO I – BREVE RETROSPECTIVA DO DREITO À SAÚDE...

De outro lado, os planos coletivos por adesão cresceram 4,3% e os planos coletivos empresariais cresceram 106,6%, alcançando 6,1 milhões e 33,1 milhões de vínculos, respectivamente.

O atendimento prestado a esses cidadãos beneficiários gerou uma despesa de R$ 23,3 bilhões em assistência à saúde entre janeiro e março de 2014, representando 81,1% dos R$ 28,7 bilhões em contraprestações pagas às 1.260 operadoras de planos privados de saúde com beneficiários no trimestre.[23]

No ano de 2015, segundo dados do Portal da ANS, o contingente de usuários dos planos de saúde já atingiu a casa de 50 milhões de brasileiros[24], contingente que expressa a relevância pública do serviço, sua importância econômica e financeira para a sociedade e para o sistema público, pois estes cidadãos que proveem sua própria assistência à saúde deixam de buscar essa providência no âmbito do sistema público.

Trata-se de uma inegável desoneração do sistema público.

Hoje o segmento de planos e seguros de saúde no Brasil é um dos grandes sistemas privados de saúde do mundo.

No entanto, as posições ideológicas extremadas turvam a visão e impedem que se coloque no primeiro plano, acima de qualquer outro interesse, o cidadão que investe recursos próprios para fazer frente às suas necessidades de assistência à saúde.

A Lei n. 9.656/98 veio para regulamentar a atividade privada de saúde suplementar dando ao seu setor um grau de disciplina, idoneidade

---

[23] BRASIL. MINISTÉRIO DA SAÚDE/AGÊNCIA NACIONAL DE SAÚDE SUPLEMENTAR (ANS). *Caderno de informação de saúde suplementar:* beneficiários, operadoras e planos. Rio de Janeiro: ANS, jun. 2014.

[24] Segundo os dados do setor de planos de saúde (com ou sem odontologia), até setembro de 2014, a ANS atingiu o número de 50.619.350 milhões de beneficiários de assistência médica. Os dados dos planos de saúde coletivos atualizados até setembro de 2014, segundo o site da ANS, são os seguintes: Plano Coletivo empresarial: *33.638.025* milhões; Coletivo por adesão: *6.679.014* milhões; Coletivo não identificado: *13.077* mil; Não informado: *398.105* mil; Individual ou familiar: *9.891.129* milhões. Os dados obtidos em consulta realizada no site da ANS em 23.02.2015, às 14:30 horas: www.ans.gov.br, link perfil do setor, dados gerais.

e organização que não tinha, o que Januario Montone denominou a *travessia da selva*.[25]

Estabeleceu limites para a ação empresarial e instrumentos para o Estado proteger os interesses do cidadão e, como tal, um novo mundo para os que dependem, de algum modo, do sistema suplementar.

A compreensão dessa complexidade é o passo necessário para constatar, sem preconceitos, que tanto o sistema público como protagonista, quanto o privado como coadjuvante, foram os instrumentos que o legislador constituinte concebeu para permitir empreender a execução do programa constitucional que elegeu a saúde como um direito fundamental.

Disso resulta que é inarredável compreender que para o Estado, tanto na atividade de saúde pública quanto na iniciativa privada, seja executor direto das ações ou agente regulador, a saúde sempre estará como uma atividade de relevância pública.

Na saúde pública o Estado é devedor/provedor e na saúde privada o Estado é regulador/protetor dos interesses do cidadão.

---

[25] MONTONE, Januario. *10 anos da lei geral dos planos de saúde*. Rio de Janeiro: Medbook, 2009a, p. 19.

Capítulo II
O CIDADÃO NA SAÚDE PÚBLICA, UNIVERSAL E GRATUITA, COMO DIREITO FUNDAMENTAL

À guisa de introdução, Gilmar Mendes, Inocêncio Mártires e Paulo Gustavo Gonet Branco ensinam que os "chamados direitos a prestações materiais recebem o rótulo de direitos a prestações em sentido estrito. Resultam da concepção social do Estado. São tidos como os direitos sociais por excelência. Estão concebidos com o propósito de atenuar desigualdades de fato na sociedade, visando ensejar que a libertação das necessidades aproveito ao gozo da liberdade efetiva por um maior número de indivíduos. O seu objetivo consiste numa utilidade concreta (bem ou serviço)".[26]

É nesse contexto que se insere o direito à saúde que, ainda que tardiamente, veio incrustrado na Constituição brasileira de 1988 como um direito fundamental: "é direito de todos e dever do Estado, garantido mediante políticas sociais e econômicas que visem à redução do risco de doença e de outros agravos e ao acesso igualitário às ações e serviços para sua promoção, proteção e recuperação" (artigo 196, da Constituição).

---

[26] MENDES, Gilmar; COELHO, Inocêncio Mártires; BRANCO, Paulo Gustavo Gonet. *Curso de direito constitucional*. 2ª ed. São Paulo: Saraiva, 2008, p. 259.

Antes de chegar ao art. 199, no entanto, o constituinte consignou no inciso III, do artigo 1º, como fundamento da República, a dignidade da pessoa humana e, no artigo 6º, a saúde como um direito social, dando a dimensão da importância e da atenção que o tema deveria merecer do Estado e da sociedade dali em diante.

E o constituinte fez mais ao comprometer todos os níveis da administração pública na empreitada de suprir a assistência à saúde ao dispor, no inciso II, do artigo 23, que é competência comum da União, dos Estados, do Distrito Federal e dos Municípios, "cuidar da saúde".

Após a promulgação do novo texto constitucional, José Afonso Silva veio a anotar, com espanto, "como um bem extraordinariamente relevante à vida humana só agora é elevado à condição de direito fundamental do homem. E há de informar-se pelo princípio de que o direito igual à vida de todos os seres humanos significa também que, nos casos de doença, cada um tem o direito a um tratamento condigno de acordo com o estado atual da ciência médica, independentemente de sua situação econômica, sob pena de não ter muito valor sua consignação em normas constitucionais.[27]

O espanto não era sem razão, pois a noção de direitos fundamentais que acabou consagrada na Constituição de 1988 foi concebida imediatamente após a II Grande Guerra e como resultado da passagem do nazismo e de outros regimes supressores de Direitos Humanos pelo continente europeu.

Concebeu-se a necessidade de se dotar as democracias ocidentais de regimes constitucionais que fossem suficientemente fortes para evitar que as violações de direitos fundamentais, que ocorreram em larga escala antes e durante aquele conflito, voltassem a se repetir no futuro.[28]

Assim é que surgiram e se tornaram realidade as constituições que positivaram os direitos fundamentais, com eficácia normativa e atribuindo aos tribunais força para concretizá-las.

---

[27] SILVA, José Afonso. *Comentário contextual à constituição*. 6ª ed. São Paulo: Malheiros, 2009, p. 767.
[28] BARBOZA, Estefânia Maria de Queiroz. *Precedentes judiciais e segurança jurídica*. São Paulo: Saraiva, 2014, p. 78.

CAPÍTULO II – O CIDADÃO NA SAÚDE PÚBLICA, UNIVERSAL...

Nesse novo modelo, como demonstra Canotilho[29], a Constituição deveria assumir a condição de um compromisso, justo e desejado, cujo conteúdo deve ter eficácia e permanência. Para isso era preciso também que as novas normas constitucionais fossem consideradas com um todo, cuja interpretação deveria trabalhar como um elemento integrador para a obtenção de sua máxima efetividade e como resultado da sua força normativa. A ideia de unidade atua para que a interpretação das leis se opere sempre em conformidade com a Constituição e de modo que o texto constitucional não possa ser contrariado, submetendo todo o ordenamento infraconstitucional.

Mas o Brasil das décadas de 1970 e 1980, como toda a América Latina, no entanto, permaneceu sob um discurso teórico-crítico que tratava o Direito como um fenômeno secundário que, segundo Schier[30], operava como um instrumento ideológico de dominação e legitimador dos interesses do regime, agindo como instrumento de ocultação das desigualdades sociais e, ao mesmo tempo, como obstáculo a qualquer transformação social.

Essa referência é necessária para deixar claro como a saúde acabou sendo encartada no texto constitucional como um direito fundamental, e tão tardiamente.

E só com a nova Constituição de 1988 foi possível a releitura emancipatória da teoria jurídica – que haveria de ser crítica o suficiente para não permitir a acomodação dos direitos apenas nos textos legais – e que foi acontecendo, então, através do que o autor chama de filtragem constitucional que, sob a força normativa das normas constitucionais, opera para que todo o ordenamento jurídico estatal passe a ser lido sob a ótica da axiologia, da materialidade e juridicidade constitucional, exatamente com o objetivo de transformar para tornar efetiva a realização dos valores estabelecidos naquele pacto fundador, ao cabo e ao final, a concretização do programa constitucional.

---

[29] CANOTILHO, José Joaquim Gomes. *Direito constitucional*: estruturas metódicas: sentidos e conceitos básicos. 7ª ed. Coimbra: Almedina, 2008.
[30] SCHIER, Paulo Ricardo. *Filtragem constitucional*: construindo uma nova dogmática jurídica. Porto Alegre: Sérgio Antonio Fabris, 1999.

Era uma nova etapa da luta que, no final da década de 1980, com novo ordenamento constitucional e democracia reconquistada em boa escala na América Latina, ainda se deparava com o receio de retrocessos e também muita esperança no futuro.

O que se ansiava era "democracia, autogoverno, autonomia pública e privada, Democracia como modo legítimo de resolução e conflitos. Democracia como meio de participação e de controle do poder. Quer-se democracia como forma de gestão do espaço público e, mais do que isso, como espaço de afirmação dos direitos do homem. Em suma, a mudança na América Latina se opera a partir dos Direitos Humanos. Estes, não enquanto complemento de um tipo de organização do poder político, mas como pano de fundo, base necessária a partir da qual um dado tipo de governo – e não outro – é indispensável. Mas, reclamar por direitos significa também compreendê-los, elucidá-los, ou seja, indicar certo conteúdo mínimo para o seu território de significação. Pressupõe, pois, uma leitura sobre a matéria, sob pena de a reinvindicação se identificar com o vazio".[31]

A preocupação expressada no texto de Clèmerson Clève retratava que, conquistada a democracia e um novo marco institucional que consagrava direitos, a tarefa que se colocava pela frente era a sua plena concretização, em todas as instâncias do Estado e da sociedade.

Na mente dos que lutaram pela nova ordem constitucional estava o porvir de um período virtuoso de democracia e avanços sociais que toda a Europa passou a experimentar no pós-guerra, cujo retrato era o Estado do Bem-Estar Social, um capitalismo com justiça social.

Na mente de muitos dos que lutavam pela saúde exclusivamente pública, havia a lembrança ainda recente das inegáveis conquistas sociais que os regimes socialistas lograram empreender até a primeira metade do século XX.

Para assegurar esse futuro de vida boa era necessário afastar os riscos que são inerentes às lutas sociais, contidos nas possibilidades de recuos,

---

[31] CLÈVE, Clèmerson Merlin. *Temas de direito constitucional.* 2ª ed. Belo Horizonte: Fórum, 2014, pp. 21/22.

CAPÍTULO II – O CIDADÃO NA SAÚDE PÚBLICA, UNIVERSAL...

do ressurgimento do reacionarismo econômico liberal conservador, sempre disposto a suprimir direitos, o que determinou que tudo fosse consignado no texto constitucional.

A Constituição brasileira é resultado de todos esses sonhos e medos, tal como anota Ingo Wolfgang Sarlet[32] ao referir que o constituinte de 1988 orientou-se pelos modelos das constituições da Itália de 1947, pela lei fundamental na Alemanha de 1949, de Portugal de 1976 e da Espanha de 1978.

Para ao autor, merece destaque a posição inicial no texto dos direitos fundamentais, prova da adoção da melhor tradição constitucionalista, vez que, além de positivados, mostram relevância e exuberância hermenêutica sobre os demais direitos cravados na Carta, de modo a eliminar a possibilidade de que as brutais violações dos direitos havidas na guerra voltassem a ocorrer.

Os direitos sociais também foram parar nos textos das constituições porque havia o medo de retrocessos.

Na mesma esteira, José Afonso Silva anota que "foi a Constituição italiana a primeira a reconhecer a saúde como fundamental direito do indivíduo e interesse da coletividade (art. 32). Depois, a Constituição portuguesa lhe deu uma formulação universal mais precisa (art. 64), melhor do que a espanhola (art. 43) e a da Guatemala (arts. 93-100)".[33]

De fato, já nos artigos primeiro e terceiro, a Constituição de 1988 anuncia que dentre os seus mais relevantes fundamentos está a dignidade da pessoa humana e a solidariedade, alçando, no artigo 199, a saúde como uma garantia fundamental, ferramenta imprescindível para cumprir o programa de erradicar a pobreza (art. 3º, III).

---

[32] SARLET, Ingo Wolfgang. *A eficácia dos direitos fundamentais*: uma teoria geral dos direitos fundamentais na perspectiva constitucional. 11ª ed. Porto Alegre: Livraria do Advogado, 2012.

[33] *Comentário contextual à constituição*. 6ª ed. São Paulo: Malheiros, 2009, p. 312.

Nessa esteira, o mesmo José Afonso Silva afirma que o direito à saúde é direito subjetivo fundamental do cidadão, que, assim, pode postular por "medidas e prestações estaduais visando à prevenção das doenças e ao tratamento delas".[34]

Mas o reconhecimento da saúde como direito fundamental subjetivo, encartado no texto constitucional com eficácia normativa, não foi tarefa fácil.

Não faltariam aqueles que, impregnados por aquele discurso teórico que tratava o direito como fenômeno secundário e tratavam a norma constitucional como meramente programática e sem nenhuma eficácia normativa, insistiam em sonegar o direito à saúde.[35]

O resultado final da luta, nas ruas e nos tribunais, foi o da afirmação da saúde como direito fundamental, assegurado pela eficácia normativa de que está impregnado o texto constitucional.[36]

---

[34] *Comentário contextual à constituição.* 6ª ed. São Paulo: Malheiros, 2009, p. 312.

[35] "Normas constitucionais meramente programáticas – *ad exemplum*, o direito à saúde – protegem um interesse geral, todavia, não conferem, aos beneficiários desse interesse, o poder de exigir essa satisfação – pela via do *mandamus* – eis que não delimitado o seu objeto, nem fixada a sua extensão, antes que o legislador exerça o múnus de contemplá-las através da legislação integrativa. Essas normas (arts. 195, 196, 204 e 227 da CF são de eficácia limitada ou, em outras palavras, não têm força suficiente para desenvolver-se integralmente, 'ou não dispõem de eficácia plena', posto que dependem, para ter incidência sobre os interesses tutelados, de legislação complementar. Na regra jurídico-constitucional que dispõe 'todos têm o direito e o Estado o dever' – dever de saúde – como afiançam os constitucionalistas, 'na realidade todos não têm direito, porque a relação jurídica entre o cidadão e o Estado não se fundamenta num *vinculum juris* gerador de obrigações, pelo que falta ao cidadão o direito subjetivo público, oponível ao Estado, de exigir em juízo, as prestações prometidas a que o Estado se obriga por proposição ineficaz dos constituintes'. No sistema jurídico pátrio, a nenhum órgão ou autoridade é permitido realizar despesas sem a devida previsão, orçamentária, sob pena de incorrer no desvio de verbas" (BRASIL. Superior Tribunal de Justiça. *ROMS 6.564-RS.* Relator: Min. Demócrito Reinaldo. Publicação: DJU 17.6.96, p. 21448).

[36] "O caráter programático da regra inscrita no art. 196 da Carta Política – que tem por destinatários todos os entes políticos que compõem, no plano institucional, a organização federativa do Estado brasileiro – não pode converter-se em promessa constitucional inconsequente, sob pena de o Poder Público, fraudando justas expectativas nele depositadas pela coletividade, substituir, de maneira ilegítima, o cumprimento de seu

CAPÍTULO II – O CIDADÃO NA SAÚDE PÚBLICA, UNIVERSAL...

A partir desse pressuposto, e fazendo uso dele, o cidadão poderá postular nas instâncias administrativas e judiciais a assistência à saúde frente ao Estado, independentemente da sua condição social.

É relevante anotar também que o cidadão que usa recursos próprios para prover sua assistência à saúde, recorrendo ao chamado atendimento particular ou aderindo ao Sistema de Saúde Suplementar, não perde o direito ao acesso à saúde pública, universal e gratuita.

De igual modo, é também importante não virar as costas para a questão política, pois a concretização do direito à saúde pública, universal e gratuita, requer esforço constante e permanente, sobretudo das camadas da população que mais necessitam dele, pois o retrocesso, nas suas mais variadas formas, como se verá adiante, está sempre de plantão e pronto para suprimir direitos.

A dificuldade de alocar recursos na saúde e o fato de a classe política não dar ao tema a mesma importância que lhe atribuiu o constituinte tornam a luta para a concretização do direito fundamental um objetivo permanente.

Como se verá adiante, um dos mecanismos que o Estado brasileiro tem usado ao longo dos anos para mitigar o direito à saúde, gratuita e universal, desonerando-se da sua obrigação constitucional, é justamente a saúde suplementar.

---

impostergável dever, por um gesto irresponsável de infidelidade governamental ao que determina a própria Lei Fundamental do Estado" (BRASIL. Superior Tribunal de Justiça. *RE (AgRg) 271.286-RS*. Relator: Min. Celso de Mello. Publicação: DJU 24.11.00, p. 101).

Capítulo III

NATUREZA DOS SERVIÇOS PRIVADOS: SAÚDE SUPLEMENTAR, CARTEIRA DE CLIENTES, FUNDO FINANCEIRO, TRANSFERÊNCIA DE CARTEIRA E SUCESSÃO

Como se viu, apesar de obrigar o Estado (artigos 23, II, e 196, da Constituição) a estabelecer absoluta prioridade para o sistema único de saúde, público e estatal, universal e gratuito, o legislador constituinte facultou a ampla atuação da iniciativa privada sob mais de uma forma, dentro e fora dos limites do sistema público.

É o que se extrai singelamente da dogmática do artigo 197, da Constituição: são de relevância pública as ações e os serviços de saúde, cabendo ao Poder Público dispor, nos termos da lei, sobre sua regulamentação, fiscalização e controle, devendo sua execução ser feita diretamente ou através de terceiros e, também, por pessoa física ou jurídica de direito privado.

A questão foi posta de modo que, sem dúvida, "a execução das ações e serviços de saúde pode ser feita pela Administração direta (Ministério etc.), por entidades da Administração indireta e outros serviços autônomos a que seja delegada e, também, por pessoas físicas e jurídicas de direito privado".[37]

O Estado, portanto, está obrigado a ofertar assistência à saúde.

No entanto, não está obrigado a fazê-lo diretamente, ou seja, só através de rede própria, mantendo toda uma infraestrutura de serviço estatal para concretizar o princípio constitucional que assegurou o direito fundamental à saúde ao cidadão.

O Estado pode valer-se de prestadores privados de serviços que atuam no setor da saúde, por meio de contrato de direito público ou convênio, instrumento contratual de Direito Público, como preconiza o art. 199, § 2º, da Constituição.

Assim, por imperativo constitucional o Estado é obrigado a executar as "ações e serviços públicos" de assistência à saúde diretamente (com seus próprios meios, como, por exemplo, os serviços próprios das Unidades Básicas de Saúde e dos hospitais e laboratórios públicos) ou por meio de parceiros privados (por exemplo, clínicas e hospitais privados, com ou sem fins lucrativos, preferencialmente estes), que são então incorporados ao *serviço público* por meio de "contrato público ou convênio" (artigo 199, parágrafo primeiro), *de forma complementar.*

O texto do artigo 197, da Constituição, facultou que a execução das ações e dos serviços públicos de saúde podem ser realizados "diretamente ou através de terceiros", ambos compondo, Estado e particular a ele associado, ao cabo e ao fim, "uma rede regionalizada e hierarquizada" que constitui o Sistema Único de Saúde, universalizado, público e sempre gratuito.

Está claro então que para o Estado a Constituição impõe um dever e para o empreendedor particular criou uma faculdade para atuar na saúde, dentro ou fora do sistema público.

---

[37] SILVA, José Afonso. *Comentário contextual à constituição.* 6ª ed. São Paulo: Malheiros, 2009, p. 769.

CAPÍTULO III – NATUREZA DOS SERVIÇOS PRIVADOS: SAÚDE...

Aqui se cuida de examinar qual é a natureza da iniciativa privada na assistência à saúde quando se dá fora dos limites do Sistema Único de Saúde.

Isso em razão de que a atuação da iniciativa privada fora do sistema único, na modalidade de atividade econômica com objetivo de lucro, ainda hoje é um aspecto nem sempre bem compreendido.

A identificação dessa atuação privada como atividade econômica é de suma importância para compreender que o constituinte conferiu ao cidadão a possibilidade de prover a sua assistência à saúde com recursos próprios, no âmbito privado e completamente apartado do sistema público, e sem que isso significasse qualquer forma de mitigação do direito fundamental à saúde que lhe está assegurado em face do Estado.

A saúde suplementar, como se verá adiante, é apenas uma das formas que o cidadão tem ao seu alcance para, com seus próprios recursos, obter assistência à saúde na iniciativa privada fora do sistema único.

É conhecida a divergência doutrinária sobre o conceito de serviço público e atividade econômica, tema que demandaria outro estudo até de maior envergadura e importância dada a extensão de situações que abarca e da sua complexidade teórica.

O objetivo aqui, no entanto, é desvendar a natureza jurídica da atuação da iniciativa privada na saúde suplementar, que ocorre fora do âmbito do sistema único público de saúde.

Então, inevitavelmente, é necessário descortinar se a saúde suplementar é um serviço público e uma atividade econômica com o objetivo de obtenção de lucro.

Eros Grau, na 5ª edição da sua obra, distinguiu serviço público privativo de serviço público não privativo, de modo que os primeiros são aqueles serviços em que a prestação é privativa do Estado, podendo, no entanto, valer-se do particular por meio de concessão, permissão ou autorização, na esteira daquelas hipóteses mencionadas no art. 21, e também diante do que estabelece o artigo 175, ambos da Constituição Federal.

Para ele, os serviços não privativos são "aqueles que têm por substrato atividade econômica que tanto pode ser desenvolvida pelo Estado, enquanto serviço público, quanto pelo setor privado, caracterizando-se tal desenvolvimento, então, como modalidade de atividade econômica em sentido estrito. Exemplos típicos de serviços públicos não privativos temos nas hipóteses de prestação dos serviços de educação e saúde. Quando sejam eles prestados pelo setor privado – arts. 209 e 199 da Constituição de 1988 – atuará este exercendo atividade econômica em sentido estrito. De outra parte, tanto a União quanto os Estados membros e os Municípios poderão (deverão) prestá-los, exercendo, então, atividade de serviço público".[38]

Já na 14ª edição, o mesmo autor retrata a mesmíssima distinção mas já sem fazer menção à atividade econômica: "o que torna os chamados serviços públicos não privativos distintos dos privativos é a circunstância de os primeiros poderem ser prestados pelo setor privado independentemente de concessão, permissão ou autorização, ao passo que os últimos apenas poderão ser prestados pelo setor privado sob um desses regimes. Há, portanto, serviço público mesmo nas hipóteses de prestação dos serviços de educação e saúde pelo setor privado. Por isso mesmo é que os arts. 209 e 199 declaram expressamente serem livres à iniciativa privada a assistência à saúde e o ensino – não se tratassem, saúde e ensino, de serviço público razão não haveria para as afirmações dos preceitos constitucionais".[39]

A importância de definir tal e qual serviço é público tem o objetivo de saber a qual regime jurídico se submete. Sendo serviço público o regime jurídico é o do Direito Público com todos os princípios que orientam a administração pública, particularmente o princípio da continuidade do serviço.[40]

---

[38] *Ordem econômica na Constituição de 1988*. 5ª ed. São Paulo: Malheiros, 2000, p. 146.

[39] GRAU, Eros Roberto. *Ordem econômica na Constituição de 1988*. 5ª ed. São Paulo: Malheiros, 2000, p. 123.

[40] Acima de tudo está o interesse público, no caso, a necessidade imperativa de que a coletividade não pode deixar de receber o serviço, não pode sofrer interrupção. A sua

CAPÍTULO III – NATUREZA DOS SERVIÇOS PRIVADOS: SAÚDE...

A continuidade não é de toda estranha à saúde suplementar e pode ser identificada no princípio da portabilidade, por meio do qual o usuário pode migrar de uma operadora para outra levando consigo direitos adquiridos naquela em que estava associado, como também nos casos de liquidação extrajudicial, bem como na manutenção plano de saúde como individual quando se torna desempregado, desvinculando-se do coletivo mantido pela empresa.[41]

O fato de o segundo texto de Eros Grau não fazer mais referência à atividade econômica apenas realça que esse aspecto já não era tão relevante, dado não existir dúvida de que, num e noutro caso, se trata sempre de atividade econômica.

Neste sentido, anota ele que a "distinção entre atividades econômicas que são obrigatoriamente serviços públicos (serviços públicos privativos), atividades econômicas que podem ser serviços públicos (serviços públicos são privativos) e atividades econômicas que não podem ser serviços públicos (atividade econômica em sentido estrito) não é nova, tendo sido originariamente, entre nós, postulada por Celso Antônio Bandeira de Mello. Devo, parenteticamente, enfatizar a circunstância de, a meu juízo, ser outra, distinta da concebida por Celso Antônio, a característica dos serviços públicos não privativos".[42]

Para Celso Antônio Bandeira de Mello, no entanto, a "separação entre os dois campos – serviço público, como setor pertencente ao

---

paralisação total ou parcial traria danos à coletividade que faz uso do serviço. A obrigatoriedade da continuidade induz que os danos daí decorrentes da paralisação, que serão causados ao cidadão, deverão ser suportados pelo Estado.

[41] A operadora que pode deixar de oferecer o serviço e a portabilidade especial de carências permite ao usuário de plano de saúde que escolha, em outra operadora, um plano de saúde compatível ao que possui. A portabilidade extraordinária existe para atender a situações excepcionais, decorrentes da intervenção da ANS na operadora em que está associado para garantir que migre para outra operadora. As hipóteses estão nas RNs 186 e 252, da ANS. Nos artigos 23 e 34 da Lei n. 9.656/98, estão previstos casos de liquidação e alienação de carteira como modo de assegurar a continuidade do serviço.

[42] GRAU, Eros Roberto. *Ordem econômica na Constituição de 1988*. 14ª ed. São Paulo: Malheiros, 2010, p. 125.

Estado, e domínio econômico, como campo reservado aos particulares – é induvidosa e tem sido objeto de atenção doutrinária, notadamente para fins de separar empresas estatais prestadoras de serviço público das exploradoras da atividade econômica, ante a diversidade de seus regimes jurídicos".[43]

O autor sustenta que o Estado não tem total liberdade legislativa nesta seara e somente poderá colocar sob o regime Direito Público, ou seja, serviço público, aqueles serviços que a própria Constituição definiu como tal, *alguns deles em todo e qualquer caso e outros deles apenas quando prestados pelo Estado*, e uma segunda categoria é a que consta do art. 173 da Constituição.

Para ele, "o tratamento dado pela Constituição aos serviços públicos nela mencionados pode distinguir as seguintes hipóteses: a) serviços de prestação obrigatória e exclusiva do Estado; b) serviços de prestação obrigatória do Estado e em que é também obrigatório outorgar concessão a terceiros; c) serviços de prestação obrigatória pelo Estado, mas sem exclusividade; e d) serviços de prestação não obrigatória pelo Estado, mas não os prestando é obrigado a promover-lhes a prestação, tendo, pois, que outorgá-los em concessão ou permissão a terceiros".[44]

Na sequência, exemplifica como hipótese da letra *"a"* os serviços postal e do correio aéreo nacional (art. 21, X, da Constituição), da letra *"b"* os serviços de radiodifusão sonora ou de sons e imagens, eis que o artigo 223 da Constituição impõe o princípio da complementariedade, ou seja, exige a presença concomitante de atividade econômica (as TVs comerciais) e de serviço público (as TVs educativas e comunitárias).[45]

Para os casos da letra *"c"*, Celso Antônio indica que são serviços que o Estado não pode permitir que sejam prestados exclusivamente

---

[43] *Curso de direito administrativo*. 29ª ed. São Paulo: Malheiros, 2001, pp. 708/709.

[44] MELLO, Celso Antônio Bandeira. *Curso de direito administrativo*. 29ª ed. São Paulo: Malheiros, 2001, pp. 704-706.

[45] Deverão coexistir, necessariamente, os serviços privado, público e o das TVs e rádios estatais, de modo que o Estado deve explorar e deve permitir que o privado atue também.

CAPÍTULO III – NATUREZA DOS SERVIÇOS PRIVADOS: SAÚDE...

pelos privados na medida em que está obrigado a também fazê-lo por imperativo constitucional. São justamente os casos dos serviços de educação, saúde, previdência, assistência social e radiodifusão de sons e imagens.

Nessa lógica, a saúde suplementar estaria entre os *serviços de atividade privada livre*, pois não se exige que tenha contrato com o Estado por meio de concessão, autorização ou permissão.

Sobre os serviços mencionados na letra *"d"*, o Mestre afirma que são todos os demais serviços, especialmente aqueles alinhados no art. 21, XI e XII, da Constituição, que o Estado está obrigado a prestar e pode fazê-lo diretamente ou delegando a terceiros.

O Estado está obrigado a prestar esses serviços e se não o faz pelos meios que a Constituição o obriga, o cidadão tem o direito subjetivo de exigir judicialmente que sejam contratados fornecedores privados para prove-los enquanto a administração pública não os executar.

A esse respeito, Ana Paula Barcellos lembra decisão judicial que, comprovada a omissão, obrigou o poder público a prestar assistência à saúde da população por entidades privadas: "Quanto à saúde, a precariedade do sistema público na maior parte do país é bastante conhecida. Um recente decisão, proferida pela 10ª Vara de Fazenda Pública do Rio de Janeiro, ilustra o quadro. Atendendo pedido do Ministério Público, e diante da precariedade de hospital público municipal, determinou-se que as pessoas que não pudessem ser atendidas pelo hospital deveriam ser encaminhadas a instituições privadas de saúde, devidamente cadastradas, para que ali lhes fosse fornecido o atendimento médico-hospitalar. A decisão condenou ainda o Município a pagar às instituições privadas pela prestação de tais serviços à população".[46]

O fato dá a dimensão do direito subjetivo à saúde que o constituinte assegurou ao cidadão, como já referido antes.

---

[46] "Constitucionalização das políticas públicas em matéria de direitos fundamentais: o controle político-social e o controle jurídico no espaço democrático". *In:* SARLET, Ingo Wolfgang; TIMM, Luciano Benetti (coord.). *Direitos fundamentais*: orçamento e "reserva do possível". 2ª ed. Porto Alegre: Livraria do Advogado, 2010, pp. 103/104.

Assim, naquelas hipóteses em que, por qualquer razão, a administração pública ainda não oferece determinado tipo de assistência médica, exame ou remédio, o cidadão pode postular por ele judicialmente para obrigar que o Estado o faça, das formas que a conjuntura permitir.

A singularidade da atividade de saúde suplementar é que não necessita das formas de concessão, permissão ou autorização para que possa ser desenvolvida pelo particular, sendo, portanto, espécie de *serviço público não privativo* ou *serviços de atividade privada livre*.

Não significa que o privado não possa ter acesso a essa forma de contratação com o Estado, pois uma operadora de planos privados de saúde, atendendo aos requisitos específicos, pode sagrar-se vencedora num certame licitatório e obter o direito de administrar um hospital estatal, por exemplo. Obviamente o mesmo podem outras pessoas privadas, com ou sem fins lucrativos. Nesse caso, o regime a que iria se submeter a pessoa jurídica privada seria o do Direito Público.

Mas o fato é que a saúde suplementar é um ramo de atividade que foi concebido para atuar à margem do Estado e é válido realçar que a atividade econômica está nesse contexto como princípio constitucional, na dicção do parágrafo único do artigo 170: "É assegurado a todos o livre exercício de qualquer atividade econômica, independentemente de autorização de órgãos públicos, salvo nos casos previstos em lei".

Para Leonardo Figueiredo, a saúde suplementar se orienta, "exclusivamente, por normas e regras de direito privado, não havendo como considerá-los modalidade de serviço público, em que pese a essencialidade da atividade para a coletividade (...) Portanto, tanto a saúde complementar quanto a suplementar são prestadas por entidades privadas; aquela, entretanto, segue as mesmas diretrizes e princípios do SUS; esta, a seu turno, rege-se por princípios de direitos privado".[47]

Disso se extrai que quando a iniciativa privada atua dentro dos limites do Sistema Único de Saúde, com base no referido permissivo

---

[47] FIGUEIREDO, Leonardo Vizeu. *Curso de direito de saúde suplementar*: manual jurídico e seguros saúde. São Paulo: MP, 2006, pp. 120/121.

CAPÍTULO III - NATUREZA DOS SERVIÇOS PRIVADOS: SAÚDE...

constitucional, o faz sempre como modalidade de serviço público e, como tal, sujeitando-se ao regime jurídico do serviço público e aos princípios que o orientam.

Quando, no entanto, atua fora do sistema único, como no caso do sistema suplementar, não se trata de serviço público.

Então não demanda maior esforço constatar que posição de Eros Grau não resolve plenamente a questão quando se trata de identificar o serviço executado pelo particular na área da saúde.

Levado ao extremo o raciocínio de que todo e qualquer serviço de saúde, executado por pessoa física ou jurídica, dentro ou fora do sistema único, seria espécie de serviço público, ter-se-íam situações absolutamente exóticas.

A atividade isolada do médico no seu consultório particular, a atividade de uma clínica privada de radiologia, do psicólogo ou do cirurgião dentista em seu consultório, enfim, um extenso rol de atividades privadas na área da saúde não credenciadas no SUS, sem qualquer relação com a administração pública, totalmente fora dela, não são serviços públicos e, portanto, sujeitos ao regramento do Direito Público e sempre ao princípio da continuidade.

A realidade denuncia que a iniciativa privada tem presença fundamental na assistência à saúde e isso pela singela razão de que é composta por uma imensa quantidade de consultórios, clínicas, hospitais, é fornecedora de uma gama incontável de serviços através de seus laboratórios e clínicas de exames diversos, fornecimento de medicamentos e insumos para os serviços de saúde.

Então, se parece mesmo exagerada a noção de que todo serviço de saúde que atua fora do sistema estatal de saúde seja também serviço público, é inteiramente pertinente crer que são atividades que devem ser fiscalizadas e se submeter a algum grau de controle como, aliás, já o são.

O próprio legislador constituinte parece ter se deparado com essa dificuldade e, para superá-la, impôs que: "São de relevância pública as ações e serviços de saúde, cabendo ao Poder Público dispor, nos termos da lei, sobre regulamentação, fiscalização e controle (...)" (artigo 197 da Constituição).

No artigo 197, a Constituição também refere expressamente que os serviços poderão ser executados "por pessoa física ou jurídica de direito privado" e, logo em seguida, distingue o serviço público do privado ao dispor, no artigo 198, de modo taxativo, como devem se organizar "as ações e serviços públicos", que passam a constituir um "sistema único", público, que se integra por meio de uma rede regionalizada e hierarquizada.

O serviço público de saúde, segundo a própria Constituição, é o sistema único e se organiza por meio de uma rede regionalizada e hierarquizada, enquanto o privado, fora dessa rede e do sistema único, se organiza de acordo com sua conveniência.

O Poder Público determina onde, como e quando a rede pública deve atuar, quais especialidades, quais exames, quais procedimentos, quais remédios, quais doenças as unidades do sistema único vão atender e dispor, mas não poderá fazer o mesmo com todo o sistema privado.

Isso porque o parágrafo segundo do artigo 199, da Constituição, não deixa a menor dúvida de que há um serviço privado que está inteiramente fora do âmbito do serviço público de saúde, a ponto de ser "vedada a destinação de recursos públicos para auxílios ou subvenções às instituições privadas com fins lucrativos".

Assim é que Saulo Ramos assevera de maneira inequívoca que a iniciativa privada pode "participar do SUS, mediante celebração de 'contrato de direito público ou convênio' ou cumprir sua atividade independente de tal participação nos serviços públicos".[48]

Se a iniciativa privada que atua complementarmente no sistema público pode ser caracterizada como um serviço público e, assim,

---

[48] RAMOS, José Saulo. "Serviços de saúde prestados pela iniciativa privada e o contrato de seguro-saúde". *Cadernos de Direito Constitucional e Ciência Política*, São Paulo, vol. 3, n. 12, p. 285, jul./set. 1995.

CAPÍTULO III – NATUREZA DOS SERVIÇOS PRIVADOS: SAÚDE...

submeter-se ao regime próprio, Celso Antônio demonstra acertadamente que a atuação privada na saúde, fora do sistema público, apenas ficaria submetida a "um tratamento normativo mais estrito do que o aplicável ao conjunto das atividades privadas. Assim, o Poder Público, dada a grande relevância social que possuem, as disciplina com um rigor especial".[49]

A atividade suplementar de saúde, que é o que interessa aqui, depende apenas de registro perante o órgão estatal competente para iniciar suas atividades se se submete apenas ao poder regulatório do Estado.

Como já foi referido, o legislador instituiu a Agência Nacional de Saúde Suplementar para atuar como ente regulador da atividade, dado que, de fato, ainda que não se constitua um serviço público, é inegável a sua relevância pública a inspirar especial atenção do Estado.

As operadoras de planos privados de saúde atuam no mercado com clara natureza de atividade econômica, pois a partir da montagem de uma rede credenciada de serviços de assistência à saúde dos seus consumidores e da gestão do fundo financeiro desses mesmos consumidores é que irá mantê-la, é que auferem lucros.

Nesse contexto, importante observar que a atividade privada está tratada no ordenamento constitucional também como um "direito fundamental, enquanto exercido no interesse da realização da justiça social, da valorização do trabalho e do desenvolvimento nacional"[50], tal como orienta o artigo 174 da Constituição.

O segmento privado da saúde suplementar se tornou de vital importância na saúde porque é composto pela imensa quantidade de planos de saúde, que já atuavam no país antes da Constituição de 1988, que atende a milhões de pessoas em todo o país.

---

[49] MELLO, Celso Antônio Bandeira. *Curso de direito administrativo.* 29ª ed. São Paulo: Malheiros, 2001, p. 704.

[50] SILVA, José Afonso. *Curso de direito constitucional positivo.* 17ª ed. São Paulo: Malheiros, 2000, p. 774.

Interessa então é que se trata de "atividade econômica *stricto sensu*, regendo-se, exclusivamente, por normas e regras de direito privado, não havendo como considerá-los modalidade de serviço público, em que pese a essencialidade da atividade para a coletividade (...) Portanto, tanto a saúde complementar quanto a suplementar são prestadas por entidades privadas; aquela, entretanto, segue as mesmas diretrizes e princípios do SUS; esta, a seu turno, rege-se por princípios de direito privado".[51]

Finalmente, é importante consignar que a relação entre as operadoras e seus consumidores tem natureza claramente contratual privada e, como tal, não estão sujeitas aos mesmos princípios que orientam as relações do cidadão e o Estado no âmbito do Sistema Único de Saúde, ou seja, no âmbito privado não há a gratuidade e a universalidade que marcam o sistema público de saúde.

Sendo assim, as relações são estabelecidas no âmbito da saúde suplementar, "em decorrência de contrato privado, firmado entre a pessoa interessada (individual ou coletivamente) e a operadora de plano ou seguro de saúde, não se submetem ao mesmo regramento sem quaisquer restrições (...) já que incidem princípios como a autonomia das partes, inclusive para justificar, *contrario sensu*, o reconhecimento de uma liberdade (fundamental) de não contratação, no sentido de que ninguém possa ser obrigado a filiar-se ao sistema de saúde suplementar, assim como uma liberdade de exercício profissional".[52]

A conclusão a que se pode chegar, portanto, é que o sistema suplementar de saúde, privado e que atua fora do sistema único, é uma atividade econômica com objetivo de lucro e mesmo Eros Grau não diverge disso ao assentar que há serviço público que pode ser caracterizado como "atividade econômica em sentido estrito".[53]

---

[51] FIGUEIREDO, Leonardo Vizeu. *Curso de direito de saúde suplementar*: manual jurídico e seguros saúde. São Paulo: MP, 2006, pp. 120/121.

[52] CANOTILHO, José Joaquim Gomes; MENDES, Gilmar Ferreira; SARLET, Ingo Wolfgang; STRECK, Lenio Luiz; LEONCY, Léo Ferreira (coords.). *Comentários à Constituição do Brasil*. 1ª ed. 4. tir. São Paulo: Saraiva; Portugal: Almedina, 2014. (Série IDP), p. 1943.

[53] GRAU, Eros Roberto. *Ordem econômica na Constituição de 1988*. 14ª ed. São Paulo: Malheiros, 2010, p. 122.

CAPÍTULO III – NATUREZA DOS SERVIÇOS PRIVADOS: SAÚDE...

O objetivo de identificar serviço público em determinada atividade tem a finalidade de saber qual é o regime jurídico, impor a observância do princípio da continuidade do serviço[54] e outros que orientam o Direito fundamental à saúde, que só se aplicam à atividade privada quando ela está a serviço do sistema público de saúde.

Assim, é importante observar que a saúde suplementar não é serviço público e, mesmo que fosse, utilizando o conceito daqueles que assim querem, a atividade econômica é um aspecto de fundamental importância para o que se está a demonstrar aqui, como se verá.

Como se viu, o legislador constituinte entendeu que a "assistência à saúde é livre à iniciativa privada", criando uma atividade econômica com objetivo de lucro.

Por outro lado, está claro também, como já se viu, que o constituinte teve a cautela de impor que todas as ações e serviços de saúde executados pela iniciativa privada na saúde são de "relevância pública" e, como tal, cabe "ao Poder Público dispor, nos termos da lei, sobre sua regulamentação, fiscalização e controle", na forma dos artigos 174 e 197 da Constituição.

O texto do citado artigo 197, ao dispor sobre o papel do Poder Público em relação à atividade econômica desempenhada pela iniciativa privada na saúde, impôs expressamente a regulação, a fiscalização e o controle estatal, cujos contornos serão abordados adiante, sem, no entanto, retirar-se a natureza de atividade econômica com objetivo de lucro.

Embora não se sujeite ao regime jurídico do Direito Público e, como tal, não está submetido ao princípio da continuidade, a saúde suplementar está sob o controle e a fiscalização do Estado, que ocorre por meio da regulação.

Essa forma de controle estatal se faz necessária no caso da atividade da saúde suplementar pelo claro interesse público que há nela, que a Constituição rotulou de *relevância pública*, resultado direto do grande

---

[54] GRAU, Eros Roberto. *Ordem econômica na Constituição de 1988*. 14ª ed. São Paulo: Malheiros, 2010, pp. 134-138.

contingente de cidadãos que são diretamente por ela atingidos e cujos interesses, tal como estão dispostos, merecem especial atenção do Estado.

Mas é importante observar que a atividade não é de relevância pública só pelo fato de prestar assistência à saúde a uma grande massa de consumidores, mas também porque os recursos que estão depositados nas mãos das operadoras de planos de saúde e são por elas administrados pertencem aos seus usuários, e uma das tarefas do Estado regulador é zelar pela integridade desse patrimônio do cidadão.

Capítulo IV

MUTUALISMO: NATUREZA JURÍDICA DOS PLANOS DE SAÚDE

A Lei n. 9.656/98 atribuiu ao instituto jurídico do plano de saúde o conceito de uma operação coletiva de poupança através da qual se associam inúmeros consumidores por meio de contratos privados para a formação dos fundos que irão financiar sua assistência à saúde fora do âmbito do Sistema Único de Saúde.

Trata-se, portanto, de um processo de mutualismo que tem como objetivo a constituição de um fundo comum, pertencente aos consumidores, a ser gerido por uma empresa denominada pela lei de operadora, conceituada como "pessoa jurídica constituída sob a modalidade de sociedade civil ou comercial, cooperativa, ou entidade de autogestão, que opere produto, serviço ou contrato de que trata o inciso I, deste artigo".

De fato, o referido inciso I, do art. 1º, da Lei n. 9.656/98, estabeleceu o seguinte conceito: "I – Plano Privado de Assistência à Saúde: prestação continuada de serviços ou cobertura de custos assistenciais a preço pré ou pós estabelecido, por prazo indeterminado, com a finalidade de garantir, sem limite financeiro, a assistência à saúde, pela faculdade de acesso e atendimento por profissionais ou serviços de saúde, livremente escolhidos, integrantes ou não de rede credenciada, contratada ou referenciada, visando à assistência médica, hospitalar e odontológica, a ser paga integral ou parcialmente às expensas da operadora contratada, mediante reembolso ou pagamento direto ao prestador por conta e ordem do consumidor".

Assim, a atribuição da empresa operadora é a de atuar como administrador do fundo comum constituído a partir das contribuições mensais, que se constitui na carteira formada pelo conjunto de pessoas que a ela adere.[55]

O fundo comum mantido pela carteira tem a finalidade garantir a operação e pagar as despesas médico-hospitalares apresentadas pela rede de prestadores de serviços (clínicas, hospitais, médicos, profissionais de saúde, etc.) em razão dos serviços de assistência à saúde que prestou aos associados ao plano de saúde.

Disso resulta que não se pode confundir, nem jurídica e nem contabilmente, a figura jurídica do fundo do plano privado de saúde com a figura jurídica da sua operadora, pois os recursos que compõem esse fundo comum, repita-se à exaustão, pertencem ao consumidor e não à sua operadora.

Para não deixar dúvidas quanto a isso, a Lei n. 9.656/98 refere expressamente que o plano de saúde visa à "assistência médica, hospitalar e odontológica, a ser pago integral ou parcialmente às expensas da operadora contratada, mediante reembolso ou pagamento direto ao prestador, por conta e ordem do consumidor" (art. 1º, inciso I).

Guilherme Mathias demonstra que "os planos de saúde, dentre diversas classificações, podem ser divididos, quanto à formação do preço, em duas espécies: (a) os planos de saúde de pré-pagamento; e (b) os planos de saúde de pós-pagamento ou por administração".[56]

---

[55] "Carteira: o conjunto de contratos de cobertura de custos assistenciais ou de serviços de assistência à saúde em qualquer das modalidades de que tratam o inciso I e o § 1º deste artigo, com todos os direitos e obrigações nele contidos". (art. 1º, inciso III, da Lei n. 9.656/98).

[56] MATHIAS, Guilherme Valderato. "O código civil e o código do consumidor na saúde suplementar". *In:* CARNEIRO, Luiz Augusto Ferreira (coord.). *Planos de saúde*: aspectos jurídicos e econômicos. Rio de Janeiro: Forense, 2012, p. 111.

CAPÍTULO IV – MUTUALISMO: NATUREZA JURÍDICA DOS PLANOS...

Orienta o autor que nos "planos de saúde de pré-pagamento, a situação se assemelha à do seguro, uma vez que a mensalidade é calculada em moldes semelhantes ao do prêmio do contrato de seguro. O montante devido é fixado com base atuarial, levando-se em consideração as séries históricas. Examina-se a probabilidade de os riscos segurados virem a se verificar, bem como a magnitude dos custos envolvidos. Apura-se, assim, o montante necessário a custear as despesas médicas e hospitalares do grupo segurado como um todo. Esse valor, então, é rateado por todos os segurados, com bases nos critérios fixados na lei e nos diversos contratos. Desse modo, o risco de cada um dos segurados de vir a adoecer e de arcar com as despesas de seu tratamento é disperso no fundo mutual formado pelas contribuições dos usuários. É, pois, inegável a presença do mutualismo nos planos de pré-pagamento".[57]

Quanto ao mutualismo, aspecto de fundamental importância para compreender a informação aqui veiculada de como o Estado está agindo para mitigar o direito fundamental do cidadão, o autor argumenta que: "Da mesma forma, será indubitável a presença do mutualismo nos planos de pós-pagamento. Nos planos de pós-pagamento ou por administração, a operadora recebe exatamente o que gastou com todas as intervenções realizadas pela coletividade de usuários. Entretanto, cada usuário não paga pelo que efetivamente gastou, mas sim um percentual da totalidade das despesas realizadas por todos os segurados, fixado com base na lei e no contrato. Nesta hipótese, os valores das mensalidades não são fixados com base atuarial, pois ela reflete o somatório dos sinistros efetivos, e não uma expectativa de despesas. Apesar disso, o mutualismo se mostra com todos os seus contornos, já que os riscos e as despesas efetivas de cada usuário são arcadas pelo conjunto de usuários. Também aqui os efeitos econômicos do risco individual são arcados por toda a coletividade. Fica, pois, evidente que, pouco importa a natureza do contrato celebrado entre usuário e operadora de plano de saúde, o mutualismo será sempre uma

---

[57] MATHIAS, Guilherme Valderato. "O código civil e o código do consumidor na saúde suplementar". *In:* CARNEIRO, Luiz Augusto Ferreira (coord.). *Planos de saúde*: aspectos jurídicos e econômicos. Rio de Janeiro: Forense, 2012, p. 111.

peça essencial. Será, invariavelmente, o seu fundamento técnico e o elemento delimitador do equilíbrio do contrato".[58]

O conceito de carteira, de fundo e de mutualismo, como um bem administrado pela operadora do plano e cujo montante, embora possa ser por ela transferido a outra operadora – voluntariamente ou por intervenção do ente regulador –, pertence aos consumidores, está bem estampado na dogmática do artigo 8º, § 3º, letra a e artigo 24, § 5º, da Lei n. 9.656/98.

Esse aspecto adquire importância para evitar incorrer em confusão quando há a transferência de carteira de uma operadora para outra. Com preocupante frequência, há o equívoco de aplicar o instituto jurídico da sucessão nessas operações, que se tornaram mais comuns com a crise econômica. O que se transfere é a carteira, o conjunto de consumidores que a compõe e o fundo financeiro por ela produzido e que se destina a manter a sua viabilidade econômico-financeira. A empresa operadora vendedora da carteira pode continuar operando, inclusive os mesmos serviços, ou entrar em regime de liquidação. Mas não há, portanto, nessa hipótese, de qualquer processo de sucessão a autorizar que a operadora adquirente tenha que responder por compromissos e dívidas da vendedora.

Não se deve confundir o fundo financeiro ou a carteira de consumidores que o mantém, com a empresa que o administra, ou seja, a operadora.

O regramento tributário também distingue os recursos do fundo, que pertencem ao consumidor, ou seja, a carteira, daqueles próprios da operadora, utilizados por ela para as suas despesas operacionais, ao excluir da receita tributada pelo PIS e pela COFINS as despesas havidas pela operadora com as contas hospitalares decorrentes da assistência à saúde dos associados ao plano de saúde.

Como se sabe, como regra tributária geral, a base de cálculo do PIS e da COFINS é o faturamento da empresa e, no caso das operadoras de planos de saúde, há essa regra de exceção importante.

---

[58] MATHIAS, Guilherme Valderato. "O código civil e o código do consumidor na saúde suplementar". In: CARNEIRO, Luiz Augusto Ferreira (coord.). *Planos de saúde*: aspectos jurídicos e econômicos. Rio de Janeiro: Forense, 2012, p. 111.

CAPÍTULO IV – MUTUALISMO: NATUREZA JURÍDICA DOS PLANOS...

Assim, é permitido às operadoras excluir da receita tributada todas as despesas pagas com eventos (sinistros), ou seja, as contas médico-hospitalares propriamente ditas.[59]

A base de cálculo dos impostos que incidem na operação envolve o total das receitas da operadora, independentemente da denominação ou classificação contábil, admitindo deduções que também informam o conceito de mutualismo.[60]

Assim, compreender que se trata de mutualismo é de fundamental importância para também concluir que os recursos administrados pelas operadoras de planos de saúde pertencem aos seus usuários.

Sob tal aspecto, o judiciário tem reiteradamente decidido que a operadora é apenas a gestora desses fundos.[61]

---

[59] Como disciplinado na Lei n. 9.718, de 27 de novembro de 1998, na MP n. 2.158-35, de 24 de agosto de 2001, nas Leis n. 10.637, de 30 de dezembro de 2002, n. 10.833, de 29 de dezembro de 2003, e no Decreto n. 4.524, de 17 de dezembro de 2002, bem como na Instrução Normativa SRF n. 404, de 12 de março de 2004.

[60] 1) deduções gerais a todas as empresas, que são: *a)* descontos incondicionais concedidos e consideram-se como tais as parcelas redutoras do preço de venda, quando constarem na nota fiscal de venda dos bens ou da fatura de serviços e não dependerem de evento posterior à emissão desses documentos (Solução de Consulta n. 177, emanada pela Superintendência Regional da Receita Federal da 6ª Região Fiscal); *b)* Venda de Ativo Permanente; 2) admite deduções específicas às operadoras, que são: *a)* Provisões técnicas, entendendo-se assim todas aquelas descritas na RN n. 160/07; *b) Indenizações com eventos ocorridos, efetivamente pagos*, entendendo-se assim, repita-se, os valores de despesas com médicos, dentistas, enfermeiros, medicamentos, salários, entre outros, que não integrem o custo próprio da operadora, mas que sejam efetivamente pagos a uma terceira pessoa jurídica (Tal como se extrai da Solução de Consulta n. 04, de 05 de fevereiro de 2004, emanada pela Superintendência Regional da Receita Federal da 4ª Região Fiscal); *c)* as chamadas corresponsabilidades cedidas.

[61] CONTRIBUIÇÃO PREVIDENCIÁRIA. OPERADORA DE PLANO DE SAÚDE. ART. 22, INCS. III E IV DA LEI N. 8.212, DE 1991.
De acordo com o entendimento do Superior Tribunal de Justiça, não incide contribuição previdenciária sobre os valores repassados aos médicos pelas operadoras de plano de saúde (RECURSO ESPECIAL N. 987.342 – PR, Primeira Turma, DJe 20-05-2013).
AGRAVO REGIMENTAL NO AGRAVO EM RECURSO ESPECIAL. TRIBUTÁRIO. CONTRIBUIÇÃO PREVIDENCIÁRIA. OPERADORA DE PLANO DE SAÚDE. VALORES REPASSADOS AOS MÉDICOS CREDENCIADOS. NÃO

INCIDÊNCIA. *ACÓRDÃO OBJURGADO EM CONSONÂNCIA COM O ENTENDIMENTO DESSA CORTE SUPERIOR. PRECEDENTES: AGRG NO RESP. 1.129.306/RJ, REL. MIN. CASTRO MEIRA, DJE 08.09.2010 E RESP. 874.179/RJ, REL. MIN. HERMAN BENJAMIN, DJE 14.09.2010. AGRAVO REGIMENTAL DESPROVIDO.*

Precedentes: 2a. Turma, AgRg no REsp. 1.264.924/RS, Rel. Min. HUMBERTO MARTINS, DJe 09.09.2011; 1a. Turma, EDcl no AgRg no REsp. 1.232.712/RS, Rel. Min. BENEDITO GONÇALVES, DJe 26.09.2011.

3. Agravo Regimental desprovido.

(AgRg no AGRAVO EM RECURSO ESPECIAL N. 176.420 – MG, Primeira Turma, DJe 22-12-2012)

TRIBUTÁRIO. CONTRIBUIÇÃO PREVIDENCIÁRIA. OPERADORAS DE PLANO DE SAÚDE. FALTA DE PREQUESTIONAMENTO. JURISPRUDÊNCIA PACÍFICA.

1. Aplica-se a Súmula 211/STJ, ante a falta de prequestionamento da tese recursal que sustentava que a Lei 9.656/98 equiparava as operadoras de plano de saúde à cooperativa, o que não autorizaria a Corte de origem a diferenciá-la, para efeito de recolhimento da contribuição previdenciária.

2. Não cabe às operadoras de planos de saúde o recolhimento das contribuições previdenciárias referentes aos valores repassados aos médicos que prestam serviços a seus clientes *Precedentes: REsp 1.106176/RJ, Rel. Min. Herman Benjamin, DJe de 17.06.10; AgRg no AgRg no REsp 1.150.168/RJ, Rel. Min. Humberto Martins, DJe de 21.05.10; EDcl nos EDcl nos EDcl no REsp 442.829/MG, Rel. Min. Eliana Calmon, DJU de 26.05.04; REsp 633.134/PR, Rel. Min. Eliana Calmon, DJU de 16.09.08; AgRg no REsp 874.179/ RJ, Rel. Min. Herman Benjamin, DJe de 18.03.10.*

3. Agravo regimental não provido.

(AgRg no REsp 1129306 / RJ, Segunda Turma, DJe 08-09-2010).

É descabida a cobrança de contribuição previdenciária, no caso, na medida em que as empresas que operacionalizam planos de saúde repassam a remuneração do profissional médico que foi contratado pelo plano e age como substituta dos planos de saúde negociados por ela, sem qualquer outra intermediação entre cliente e serviços médico-hospitalares. Nesse caso, não incide a contribuição previdenciária' *(REsp 633.134/PR, Segunda Turma, DJe 16-09-2008).*

AgRg no REsp 1427532 / SP

PROCESSUAL CIVIL. AGRAVO REGIMENTAL NO RECURSO ESPECIAL. TRIBUTÁRIO. CONTRIBUIÇÃO PREVIDENCIÁRIA (REGIME GERAL DA PREVIDÊNCIA SOCIAL). OPERADORA DE PLANO DE SAÚDE. VALORES REPASSADOS AOS MÉDICOS CREDENCIADOS. NÃO INCIDÊNCIA. PRECEDENTES.

1. A orientação das Turmas que integram a Primeira Seção/STJ firmou-se no sentido de que não incide contribuição previdenciária sobre as verbas pagas pelas seguradoras de saúde aos médicos credenciados que prestam serviços a pacientes segurados. *Nesse sentido: REsp 1.259.034/SC, 2ª Turma, Rel. Min. Mauro Campbell Marques, DJe de 9.12.2011; REsp 987.342/PR, 1ª Turma, Rel. Min. Arnaldo Esteves Lima, DJe de 20.5.2013.*

CAPÍTULO IV – MUTUALISMO: NATUREZA JURÍDICA DOS PLANOS...

2. *Agravo regimental não provido.*
TRIBUTÁRIO. CONTRIBUIÇÃO PREVIDENCIÁRIA. OPERADORAS DE PLANO DE SAÚDE. FALTA DE PREQUESTIONAMENTO. JURISPRUDÊNCIA PACÍFICA.
....

2. Não cabe às operadoras de planos de saúde o recolhimento das contribuições previdenciárias referentes aos valores repass*ados aos médicos que prestam serviços a seus clientes*
Precedentes: REsp 1.106176/RJ, Rel. Min. Herman Benjamin, DJe de 17.06.10; AgRg no AgRg no REsp 1.150.168/RJ, Rel. Min. Humberto Martins, DJe de 21.05.10; EDcl nos EDcl nos EDcl no REsp 442.829/MG, Rel. Min. Eliana Calmon, DJU de 26.05.04; REsp 633.134/PR, Rel. Min. Eliana Calmon, DJU de 16.09.08; AgRg no REsp 874.179/RJ, Rel. Min. Herman Benjamin, DJe de 18.03.10.
3. *Agravo regimental não provido.*
SUPREMO TRIBUNAL FEDERAL – 23/04/2014
Recurso extraordinário. Tributário. Contribuição Previdenciária. Artigo 22, inciso IV, da Lei n. 8.212/91, com a redação dada pela Lei n. 9.876/99. Sujeição passiva. Empresas tomadoras de serviços. Prestação de serviços de cooperados por meio de cooperativas de Trabalho. Base de cálculo. Valor Bruto da nota fiscal ou fatura. Tributação do faturamento.
Bis in idem. Nova fonte de custeio. Artigo 195, § 4º, CF.
1. O fato gerador que origina a obrigação de recolher a contribuição previdenciária, na forma do art. 22, inciso IV da Lei n. 8.212/91, na redação da Lei 9.876/99, não se origina nas remunerações pagas ou creditadas ao cooperado, mas na relação contratual estabelecida entre a pessoa jurídica da cooperativa e a do contratante de seus serviços.
2. A empresa tomadora dos serviços não opera como fonte somente para fins de retenção. A empresa ou entidade a ela equiparada é o próprio sujeito passivo da relação tributária, logo, típico "contribuinte" da contribuição.
3. Os pagamentos efetuados por terceiros às cooperativas de trabalho, em face de serviços prestados por seus cooperados, não se confundem com os valores efetivamente pagos ou creditados aos cooperados.
4. O art. 22, IV, da Lei n. 8.212/91, com a redação da Lei n. 9.876/99, ao instituir contribuição previdenciária incidente sobre o valor bruto da nota fiscal ou fatura, extrapolou a norma do art. 195, inciso I, *a, da Constituição, descaracterizando a contribuição hipoteticamente incidente sobre os rendimentos do trabalho dos cooperados, tributando o faturamento da cooperativa, com evidente* bis in idem. *Representa, assim, nova fonte de custeio, a qual somente poderia ser instituída por lei complementar, com base no art. 195, § 4º – com a remissão feita ao art. 154, I, da Constituição.*
5. *Recurso extraordinário provido para declarar a inconstitucionalidade do inciso IV do art. 22 da Lei n. 8.212/91, com a redação dada pela Lei n. 9.876/99.*
Brasília, 23 de abril de 2014.
MINISTRO DIAS TOFFOLI
Relator

Toda essa regulamentação tributária constitui prova contundente de que a carteira, ou seja, o fundo arrecadado a partir do conjunto de contratos mantidos pelos associados, cuja finalidade é fazer frente a pagamento das despesas tidas com a assistência dos consumidores, não caracteriza receita própria da operadora.

Nem poderia ser diferente, pois o Estado não poderia e nem deveria tributar aqueles que resolvem desonerá-lo de prestar-lhes assistência à saúde.

O que se deve compreender de modo inequívoco é que a operadora atua como mero repassador de recursos de terceiros, eis que os pagamentos efetuados por ela são realizados *por conta e ordem do consumidor* (artigo 1º, inciso I, da Lei n. 9.656/98).

Então, também é importante compreender que ao fazer uso da saúde suplementar o cidadão está deixando de usar o sistema público, o que é até intuitivo, uma reflexão contábil sem qualquer complexidade, a conclusão de que o cidadão está desonerando o sistema público de saúde.

Num outro olhar, também é de fácil constatação que quando o cidadão não usa o sistema público também está deixando de gerar custo para ele e, de forma oblíqua, está contribuindo para o financiamento da saúde pública porque deixa de usá-la.

Além disso, o zelo do legislador com esses recursos também está estampado no artigo 22, da Lei n. 9.656/98, que criou a obrigatoriedade do controle contábil externo ao dispor que: "As operadoras de planos privados de assistência à saúde submeterão suas contas a auditores independentes, registrados no respectivo Conselho Regional de Contabilidade e na Comissão de Valores Mobiliários – CVM, publicando, anualmente, o parecer respectivo, juntamente com as demonstrações financeiras determinadas pela Lei n. 6.404, de 15 de dezembro de 1976".

O artigo 24-A, parágrafo 6º, da mesma lei, por seu turno, impôs a solidariedade dos gestores pelas obrigações por eles assumidas durante a sua gestão até o montante dos prejuízos que causarem, independentemente

CAPÍTULO IV – MUTUALISMO: NATUREZA JURÍDICA DOS PLANOS...

de qualquer nexo de causalidade, e para a hipótese de regime de intervenção, como prevê o *caput*, que se consubstancia com a chamada Direção Fiscal, seus bens pessoais tornam-se indisponíveis, além de sujeitarem-se a uma série de sanções se agirem de modo temerário, medidas que tipicamente se impõem a administradores de recursos de terceiros.

Assim, sem embargo do direito que lhe é assegurado no artigo 196, da Constituição Federal, ou seja, o acesso universal e gratuito à saúde, o legislador assegurou ao cidadão a faculdade de financiar, por meio do plano de saúde ao qual aderiu livremente, com seus recursos, a sua assistência à saúde, conforme os termos do contrato privado.

Inequívoco, então, que o sistema público que tem o dever de prover assistência à saúde cidadão convive com um sistema privado totalmente apartado dele, cuja existência é uma faculdade conferida pelo constituinte à iniciativa privada.

No entanto, embora o conceito de mutualismo empregado na lei leve à conclusão de que os custos decorrentes das despesas com a assistência à saúde suportados pelo fundo do plano de saúde sejam pagos pelo cidadão que dele participa, nem sempre esse conceito está claro e é bem empregado.

Com muita frequência, na maioria das vezes por descuido técnico, emprega-se um conceito no qual "a operadora do plano de saúde é responsável por arcar com o ônus financeiro relacionado ao evento coberto pelo plano de saúde. E, em contrapartida, há o valor pago pelo consumidor à operadora para ter sua saúde protegida por meio da cobertura do plano. Esse valor, geralmente pago por mês, é a contraprestação pecuniária do plano ou o prêmio do seguro e é sempre pago antecipadamente à ocorrência do risco".[62]

Efetivamente não é a operadora quem arca com o ônus financeiro relacionado ao evento coberto pelo plano de saúde, mais os recursos

---

[62] CARNEIRO, Luiz Augusto Ferreira (coord.). "Princípios básicos de seguros e planos de saúde". *In*: _____ (coord.). *Planos de saúde*: aspectos jurídicos e econômicos. Rio de Janeiro: Forense, 2012, p. 81.

pertencentes aos consumidores, que compõe o fundo gerido pela operadora, quem assume esse ônus.

Bem por ser fiel a esse conceito é que a lei dispõe que quando paga a assistência à saúde, que foi fornecida na rede credenciada para o seu consumidor, a operadora o faz por conta e ordem do consumidor.

Como se verá, o regramento imposto na regulamentação impôs aos gestores dos planos de saúde deveres que se destinam a impedir o uso irresponsável ou criminoso dos fundos financeiros por eles geridos, justamente porque se trata de uma modalidade de economia popular, ou seja, de recursos que não pertencem às operadoras, mas aos seus consumidores.

Assim, não raro, apregoa-se que a atividade meio das operadoras de planos de saúde e seguros privados de assistência à saúde, como define o art. 1º da Lei n. 9.656, de 1998, é a exploração com lucro, empresarial, como diz a Constituição.

E isto "transforma a atividade própria dos seguros e planos de saúde em comercial porque ela se resume na aquisição prévia dos serviços médicos-hospitalares, para revenda aos titulares dos planos privados de assistência à saúde, ou assunção do risco saúde pela seguradora. É uma venda especial, esta, estipulada em um contrato que deve obedecer a princípios fixados em lei, e porque o adquirente pensa em não utilizar aquilo que adquiriu, na maioria das vezes, em especial o 'produto' ou 'mercadoria' internação hospitalar, quase sempre em razão de moléstia mais grave ou de acidentes que comprometem a higidez do comprador".[63]

Esse conceito era praticado antes da instituição da regulação pela Lei n. 9.656/98, e com ela não há mais lugar para ele.

Mas, aqui e ali, isso ainda tem sido veiculado, contrastando claramente com aquele inserido no texto legal pelo qual a operadora paga os procedimentos "por conta e ordem do consumidor", pois a

---

[63] CARLINI, Angélica Lúcia. "Judicialização da saúde pública no Brasil". *In:* CARNEIRO, Luiz Augusto Ferreira (coord.). *Planos de saúde*: aspectos jurídicos e econômicos. Rio de Janeiro: Forense, 2012, pp. 48/49.

CAPÍTULO IV – MUTUALISMO: NATUREZA JURÍDICA DOS PLANOS...

função dos recursos formados na carteira é, segundo Reinaldo Lopes, justamente a constituição de "um fundo comum, cuja distribuição se faz por meio de contratos individualizados ou por meio de grupos constituídos. Logo, o que está em jogo em primeiro lugar é a constituição desses fundos e sua distribuição. Ao contrário de uma empresa comercial comum, a empresa de saúde não oferece a venda de mercadorias a um público que tem como ela relações episódicas. As relações são oneshot, como diz de modo feliz a expressão inglesa".[64]

Para o mesmo autor, não pode haver dúvida de que uma "empresa que ofereça planos de saúde é uma organização que constitui um fundo comum, cuja distribuição se faz por meio de contratos individualizados ou por meio de grupos constituídos".[65]

Assim, segue argumentando que se trata de compreender que "uma administradora de planos de saúde em primeiro lugar deve ser percebida como uma intermediária e uma gestora. Trata-se de gerir recursos captados do público em geral. Ao lado do aspecto financeiro que a atividade adquire, sua função é nitidamente distributiva, ou seja, alocar a cada segurado ou participante do plano, segundo as cláusulas de adesão ao fundo, parte suficiente da receita capaz de cobrir os riscos contratados. Isto dá ao seguro o caráter de mutualidade".[66]

Para ele, então, a "mutualidade, neste sentido de 'solidariedade' em fundo comum, é também destacada por Pedro Alvim: 'O mutualismo constitui, portanto, a base do seguro' (...) Os segurados, diz ele, 'reúnem-se em torno do segurador para formar o fundo comum, de modo que ninguém perde mais do que o prêmio pago, isto é, a sua contribuição para o fundo'. Vê-se, portanto, que uma empresa de saúde e uma seguradora têm que constituir um fundo comum com recursos alheios".

Não é outra a razão pela qual o legislador ordinário concebeu na regra do artigo 1º, I, da Lei n. 9.656/98, que, repita-se à exaustão, as

---

[64] *Saúde e responsabilidade*. São Paulo: RT, 1999, p. 31.
[65] LOPES, José Reinaldo de Lima. *Saúde e responsabilidade*. São Paulo: RT, 1999, p. 30.
[66] LOPES, José Reinaldo de Lima. *Saúde e responsabilidade*. São Paulo: RT, 1999, p. 31.

despesas decorrentes dos procedimentos da assistência à saúde são pagas pela operadora "por conta e ordem do consumidor".

Também em razão dessa motivação, a mesma lei, no seu artigo 35-A, estipulou diretrizes para a operação das receitas oriundas das contraprestações recebidas pela operadora dos seus consumidores de modo a, em linguagem bastante elementar, impor a formação de Reserva Técnica.

A Reserva Técnica é constituída obrigatoriamente por dar cobertura aos Eventos Ocorridos (contas com despesas médico-hospitalares) pagos mensalmente pela operadora, sempre em nome do beneficiário do plano, e também a instituição de ativos e investimentos para garantir a saúde da operação (aquisição de imóveis, ações, aplicações financeiras e outros), cobrir as despesas operacionais, administrativas e tributos envolvendo a operação do plano e o lucro da operadora.

Há também um padrão de contabilidade nas operadoras de planos privados de saúde no qual as receitas advindas das mensalidades pagas pelos consumidores destinam-se ao pagamento dos procedimentos previsíveis e imprevisíveis havidos no mês, para a formação das provisões financeiras compatíveis com o faturamento do plano de saúde e, finalmente, a parte relacionada com as despesas operacionais e a apropriação do lucro da empresa operadora.

No movimento contábil das operadoras os custos com atividade meio, tais como despesas com pessoal, material de escritório, publicidade, combustível, aluguel, serviços de manutenção em geral, não se confundem com os custos da atividade fim, tais como os custos diretos com a assistência à saúde do segurado.

Os custos diretos com essa assistência à saúde do cidadão associado se constituem nas despesas da conta hospitalar, honorários médicos e os recursos destinados à formação das reservas técnicas a que a operadora está obrigada legalmente, que também dizem respeito à assistência à saúde dos consumidores propriamente dita, e, ainda, aos recursos destinados à formação das garantias através da formação de ativos e investimentos.

CAPÍTULO IV - MUTUALISMO: NATUREZA JURÍDICA DOS PLANOS...

O substancial das receitas oriundas das contraprestações recebidas pela operadora dos seus consumidores se destina ao pagamento das contas médico-hospitalares, destinando-se o restante à formação da Reserva Técnica, constituição das garantias, ao custo operacional, ou seja, aos custos da atividade fim e à remuneração da operadora, de modo tal que quanto maior for a eficiência na gestão dos recursos, maior será o tamanho desse último item.

A própria Agência Nacional Saúde Suplementar, no exercício da atividade regulatória que lhe foi atribuída pela Lei n. 9.656/98, também cuidou de dispor sobre a obrigatoriedade de formação e manutenção das Provisões Técnicas pelas Operadoras de Plano de Saúde, através da RN n. 160/2007.[67]

Então, singelamente, as provisões técnicas são aplicações financeiras e recursos depositados nas contas da operadora para fazer frente aos riscos imediatos – dia a dia, mês a mês – criados pelos compromissos assumidos pelo fundo junto aos seus associados, que são as despesas médico e hospitalares que vão sendo pagas mensalmente junto aos prestadores.

Através do art. 14, da Resolução Normativa n. 160/2007, a ANS também determinou que: "A totalidade do valor constituído das provisões técnicas de que trata esta Resolução deverá, obrigatoriamente, ser lastreada por ativos garantidores nos termos da legislação vigente".

---

[67] Nos seguintes termos:

"I – Provisão de Risco, para garantia da parcela das contraprestações cuja vigência do risco ainda não tenha findado;

II – Provisão para Remissão, para garantia das obrigações decorrentes das cláusulas contratuais de remissão das contraprestações pecuniárias referentes à cobertura de assistência à saúde, quando existentes;

III – Provisão para Eventos Ocorridos e Não Avisados – PEONA, estimada atuarialmente para fazer frente ao pagamento dos eventos que já tenham ocorrido e que não tenham sido registrados contabilmente pela OPS;

IV – Outras provisões técnicas que a OPS julgue necessárias visando à manutenção de seu equilíbrio econômico-financeiro, desde que consubstanciadas em Nota Técnica Atuarial de Provisões – NTAP e aprovadas previamente pela DIOPE, sendo de constituição obrigatória a partir da data da efetiva aprovação".

Esses ativos garantidores são, pois, verdadeiras cauções para garantir a saúde da operação em situações excepcionais, com a despesa superando as previsões (exemplo: um mês em que surgiram 20 cirurgias cardíacas e a despesa da operação, então, vai a patamares totalmente atípicos, fora da média mensal, ultrapassando a própria receita daquele mês, criando uma situação de desequilíbrio e *déficit* que é socorrida pelo uso das garantias), que se constituem em imóveis, ações e outras modalidades de investimentos.

E para tornar efetivo o controle sobre os recursos dos fundos, que, repita-se, pertence aos consumidores e não à empresa operadora, através do art. 5º, da RN n. 159/2007, a ANS impôs que: "Os ativos garantidores registrados na ANS não poderão ser alienados, prometidos à alienação ou de qualquer forma gravados, sem prévia e expressa autorização da ANS, sendo nulas de pleno direito as alienações ou os gravames porventura constituídos em descumprimento ao disposto nesta resolução".

A indisponibilidade dos ativos garantidores é também prova cabal e eloquente de que os recursos destinados ao pagamento dos procedimentos de assistência à saúde, previstos e imprevistos, havidos mensalmente pelos consumidores, do plano de saúde não pertencem à operadora.

Fácil ver que o legislador atribuiu à Agência Nacional um papel de grande relevância na proteção dos interesses do cidadão, que é a atividade de regulação, fiscalização e de controle a que se referem os artigos 174 e 197, da Constituição Federal, devendo, portanto, fiscalizar, incentivar, planejar e controlar.

A questão é saber como vem desempenhando esse importante papel.

Capítulo V

CONSUMIDOR, ESTADO E REGULAÇÃO DOS PLANOS DE SAÚDE

O artigo 170, da Constituição de 1988, impôs que a ordem econômica, "fundada na valorização do trabalho humano e na livre iniciativa, tem por fim assegurar a todos existência digna, conforme os ditames da justiça social".

Como se viu, a saúde suplementar é uma atividade econômica privada de relevância pública e sua fiscalização e o controle pelo Estado se inserem na forma preconizada pelo artigo 174 da Constituição, observados, portanto, o interesse público, decorrente da natureza de relevância pública da atividade, a autonomia e a liberdade assegurados no artigo 170.

A Agência Nacional de Saúde Suplementar, criada pela Lei n. 9.961/2000[68], instituiu uma autarquia sob regime especial, com

---

[68] "Art. 1º É criada a Agência Nacional de Saúde Suplementar – ANS, autarquia sob o regime especial, vinculada ao Ministério da Saúde, com sede e foro na cidade do Rio de Janeiro – RJ, prazo de duração indeterminado e atuação em todo o território nacional, como órgão de regulação, normatização, controle e fiscalização das atividades que garantam a assistência suplementar à saúde. Parágrafo único. A natureza de autarquia especial conferida à ANS é caracterizada por autonomia administrativa, financeira,

autonomia administrativa, financeira, patrimonial, de gestão e também política, na medida em que seus dirigentes são detentores de mandatos com prazo determinado, com o objetivo de promover a regulação da saúde suplementar.

Bruno Miragem observa que a "atividade regulatória do Estado envolve múltiplas funções: de regulamentação, propriamente dita, consistente na produção de normas jurídicas que ordenem as condutas dos agentes regulados; do exercício de poder de polícia, consistente no controle e fiscalização de condutas; de planejamento, envolvendo a atuação estatal e dos particulares no desenvolvimento do setor regulado; e de mediação das posições e interesses envolvidos em vista da realização do interesse público".[69]

O interesse público na saúde suplementar ganha relevo em razão do imenso contingente de brasileiros que estão associados às operadoras privadas de planos de saúde e provendo, em alguma medida, a sua assistência à saúde com recursos próprios.

O que se vê é que Estado entra para atuar como agente regulador de uma atividade de assistência à saúde em que ele próprio está obrigado a atuar, por força do programa constitucional, para prover a assistência à saúde do cidadão.

Nesse aspecto, merece especial atenção o modo como a regulação foi inserida no ordenamento jurídico. Para Tercio Sampaio Ferraz,

---

patrimonial e de gestão de recursos humanos, autonomia nas suas decisões técnicas e mandato fixo de seus dirigentes.

Art. 2º Caberá ao Poder Executivo instalar a ANS, devendo o seu regulamento, aprovado por decreto do Presidente da República, fixar-lhe a estrutura organizacional básica. Parágrafo único. Constituída a ANS, com a publicação de seu regimento interno, pela diretoria colegiada, ficará a autarquia, automaticamente, investida no exercício de suas atribuições.

Art. 3º A ANS terá por finalidade institucional promover a defesa do interesse público na assistência suplementar à saúde, regulando as operadoras setoriais, inclusive quanto às suas relações com prestadores e consumidores, contribuindo para o desenvolvimento das ações de saúde no País".

[69] MIRAGEM, Bruno. *A nova administração pública e o direito administrativo*. 2ª ed. São Paulo: Revista dos Tribunais, 2013, p. 62.

CAPÍTULO V – CONSUMIDOR, ESTADO E REGULAÇÃO DOS PLANOS...

sem "muita reflexão teórica, mas na esteira de uma fundamentação constitucional não muito consciente, elas começaram a proliferar. Com efeito, a CF, no art. 174, vê no Estado 'um agente normativo e regular da atividade econômica'. Trata-se, nesse âmbito, do exercício das funções de fiscalização, incentivo e planejamento, esta última apenas indicativa para o setor privado. A noção de agente normativo e regulador parece dar supedâneo tanto à competência para baixar normas quanto para intervenções reguladoras no sentido de evitar distorções no comportamento do mercado por meio de imposições de ordem técnica (...) No entanto, a criação de agências com atribuições técnicas, de suposta neutralidade política, mas voltadas para a eficiência das regulações e, necessariamente, independentes, com poderes quase legislativos: problema da reserva da lei; quase regulamentares: problema da competência privativa do Presidente da República; e quase judiciais: problema dos limites do contencioso administrativo, esbarra em conhecidos óbices constitucionais, a começar do disposto no art. 25 do ADCT".[70]

O órgão regulador da saúde suplementar veio a se somar a outros que já atuavam na área da saúde, como a Agência Nacional de Vigilância Sanitária, seus congêneres nos estados e municípios, e os conselhos de fiscalização e regulação dos profissionais de saúde, mais suas características, aumentando o protagonismo estatal.

A lei trouxe um extenso rol de atribuições[71] para o agente regulador, que vai desde o estabelecimento das características gerais dos

---

[70] *Direito constitucional.* Barueri: Manole, 2007, pp. 483/484.

[71] "Art. 4º Compete à ANS: I – propor políticas e diretrizes gerais ao Conselho Nacional de Saúde Suplementar – Consu para a regulação do setor de saúde suplementar; II – estabelecer as características gerais dos instrumentos contratuais utilizados na atividade das operadoras; III – elaborar o rol de procedimentos e eventos em saúde, que constituirão referência básica para os fins do disposto na Lei n. 9.656, de 3 de junho de 1998, e suas excepcionalidades; IV – fixar critérios para os procedimentos de credenciamento e descredenciamento de prestadores de serviço às operadoras; V – estabelecer parâmetros e indicadores de qualidade e de cobertura em assistência à saúde para os serviços próprios e de terceiros oferecidos pelas operadoras; VI – estabelecer normas para ressarcimento ao Sistema Único de Saúde – SUS; VII – estabelecer normas

relativas à adoção e utilização, pelas operadoras de planos de assistência à saúde, de mecanismos de regulação do uso dos serviços de saúde; VIII – deliberar sobre a criação de câmaras técnicas, de caráter consultivo, de forma a subsidiar suas decisões; IX – normatizar os conceitos de doença e lesão preexistentes; X – definir, para fins de aplicação da Lei n. 9.656, de 3 de junho de 1998, a segmentação das operadoras e administradoras de planos privados de assistência à saúde, observando as suas peculiaridades; XI – estabelecer critérios, responsabilidades, obrigações e normas de procedimento para garantia dos direitos assegurados nos arts. 30 e 31 da Lei n. 9.656, de 1998; XII – estabelecer normas para registro dos produtos definidos no inciso I e no § 1º do art. 1, da Lei n. 9.656/98; XIII – decidir sobre o estabelecimento de sub-segmentações aos tipos de planos definidos nos incisos I a IV do art. 12 da Lei n. 9.656/98; XIV – estabelecer critérios gerais para o exercício de cargos diretivos das operadoras de planos privados de assistência à saúde; XV – estabelecer critérios de aferição e controle da qualidade dos serviços oferecidos pelas operadoras de planos privados de assistência à saúde, sejam eles próprios, referenciados, contratados ou conveniados; XVI – estabelecer normas, rotinas e procedimentos para concessão, manutenção e cancelamento de registro dos produtos das operadoras de planos privados de assistência à saúde; XVII – autorizar reajustes e revisões das contraprestações pecuniárias dos planos privados de assistência à saúde, ouvido o Ministério da Fazenda; XVIII – expedir normas e padrões para o envio de informações de natureza econômico-financeira pelas operadoras, com vistas à homologação de reajustes e revisões; XIX – proceder à integração de informações com os bancos de dados do Sistema Único de Saúde; XX – autorizar o registro dos planos privados de assistência à saúde; XXI – monitorar a evolução dos preços de planos de assistência à saúde, seus prestadores de serviços, e respectivos componentes e insumos; XXII – autorizar o registro e o funcionamento das operadoras de planos privados de assistência à saúde, bem assim sua cisão, fusão, incorporação, alteração ou transferência do controle societário, sem prejuízo do disposto na Lei n. 8.884 de 11 de junho de 1994; XXIII – fiscalizar as atividades das operadoras de planos privados de assistência à saúde e zelar pelo cumprimento das normas atinentes ao seu funcionamento; XXIV – exercer o controle e a avaliação dos aspectos concernentes à garantia de acesso, manutenção e qualidade dos serviços prestados, direta ou indiretamente, pelas operadoras de planos privados de assistência à saúde; XXV – avaliar a capacidade técnico-operacional das operadoras de planos privados de assistência à saúde para garantir a compatibilidade da cobertura oferecida com os recursos disponíveis na área geográfica de abrangência; XXVI – fiscalizar a atuação das operadoras e prestadores de serviços de saúde com relação à abrangência das coberturas de patologias e procedimentos; XXVII – fiscalizar aspectos concernentes às coberturas e o cumprimento da legislação referente aos aspectos sanitários e epidemiológicos, relativos à prestação de serviços médicos e hospitalares no âmbito da saúde suplementar; XXVIII – avaliar os mecanismos de regulação utilizados pelas operadoras de planos privados de assistência à saúde; XXIX – fiscalizar o cumprimento das disposições da Lei n. 9.656/98, e de sua regulamentação; XXX – aplicar as penalidades pelo descumprimento da Lei n. 9.656/98, e de sua regulamentação; XXXI – requisitar o fornecimento de informações às operadoras de planos privados de assistência à saúde,

CAPÍTULO V – CONSUMIDOR, ESTADO E REGULAÇÃO DOS PLANOS...

contratos a serem firmados entre as operadoras e os usuários dos planos por elas administrados, fiscalizar, controlar, sancionar, registrar as operadoras e todos os produtos por elas oferecidos no mercado aos usuários, autorizar incorporações, fusões, cisões, alteração e transferência de controle acionário, intervir e proceder a liquidação extrajudicial das operadoras, até propor as políticas e diretrizes gerais a serem seguidas pelo setor, um regramento tão rígido como se a atividade fosse fruto de concessão, permissão e autorização.

No caso da atividade privada na saúde, como visto, singularmente, o próprio constituinte já havia preconizado a necessidade da regulamentação, fiscalização e controle no texto do artigo 197, elevando

---

bem como da rede prestadora de serviços a elas credenciadas; XXXII – adotar as medidas necessárias para estimular a competição no setor de planos privados de assistência à saúde; XXXIII instituir o regime de direção fiscal ou técnica nas operadoras; XXXIV – proceder à liquidação extrajudicial e autorizar o liquidante a requerer a falência ou insolvência civil das operadores de planos privados de assistência; XXXV – determinar ou promover a alienação da carteira de planos privados de assistência à saúde das operadoras; XXXVI – articular-se com os órgãos de defesa do consumidor visando à eficácia da proteção e defesa do consumidor de serviços privados de assistência à saúde, observado o disposto na Lei n. 8.078, de 11 de setembro de 1990; XXXVII – zelar pela qualidade dos serviços de assistência à saúde no âmbito da assistência à saúde suplementar; XXXVIII – administrar e arrecadar as taxas instituídas por esta Lei; XXXIX – celebrar, nas condições que estabelecer, termo de compromisso de ajuste de conduta e termo de compromisso e fiscalizar os seus cumprimentos; XL – definir as atribuições e competências do diretor técnico, diretor fiscal, do liquidante e do responsável pela alienação de carteira; XLI – fixar as normas para constituição, organização, funcionamento e fiscalização das operadoras de produtos de que tratam o inciso I e o § 1º do art. 1º da Lei n. 9.656/98 incluindo: a) conteúdos e modelos assistenciais; b) adequação e utilização de tecnologias em saúde; c) direção fiscal ou técnica; d) liquidação extrajudicial; e) procedimentos de recuperação financeira das operadoras; f) normas de aplicação de penalidades; g) garantias assistenciais, para cobertura dos planos ou produtos comercializados ou disponibilizados; XLII – estipular índices e demais condições técnicas sobre investimentos e outras relações patrimoniais a serem observadas pelas operadoras de planos de assistência à saúde. § 1º A recusa, a omissão, a falsidade ou o retardamento injustificado de informações ou documentos solicitados pela ANS constitui infração punível com multa diária de R$ 5.000,00 (cinco mil reais), podendo ser aumentada em até vinte vezes, se necessário, para garantir a sua eficácia em razão da situação econômica da operadora ou prestadora de serviços. § 2º As normas previstas neste artigo obedecerão às características específicas da operadora, especialmente no que concerne à natureza jurídica de seus atos constitutivos".

todas as ações e serviços de saúde, públicos e privados, à condição de relevância pública.

A partir daí a regulação tornou-se imperativo constitucional para um segmento que já atuava na sociedade brasileira e sem os regramentos necessários à proteção do cidadão usuário do serviço.

Os ventos da reforma administrativa foram inseridos no ordenamento jurídico com a Emenda 19, em 4 de junho 1998, que introduziu os mecanismos de regulação na forma como hoje são conhecidos no Brasil, que, por sua vez, foram concretizados pela Lei n. 9.661, em 28 de janeiro de 2000, que criou o órgão regulador da saúde suplementar imbuída daquele espírito neoliberal em que o estado regulador cobra quando o particular não entrega as prestações com as quais se obrigou.

A finalidade da agência reguladora é a de promover o interesse público no segmento de saúde suplementar, tal como expressamente determina o artigo 3º da referida lei, o que "importa reconhecer os princípios gerais da livre iniciativa e da livre empresa, reservando-se ao Estado o instrumento da regulação como meio de orientar a atuação dos particulares à realização de valores fundamentais".[72]

O interesse público na saúde suplementar, como já dito, não se resume tão só ao fato de as operadoras prestarem a assistência à saúde, mas também em razão do contingente de cidadãos que fazem uso dos seus serviços.

Então, desde logo é importante compreender que a regulação também foi concebida para impedir o monopólio no setor, controlar e planejar o segmento de modo a proteger o interesse do cidadão que se associa aos planos de saúde.

Como se viu, para "atingir esse desiderato, a respectiva legislação ordinária concedeu a tais agências poderes regulatórios específicos para

---

[72] JUSTEN FILHO, Marçal. *O direito das agências reguladoras independentes*. São Paulo: Dialética, 2002, p. 21.

CAPÍTULO V - CONSUMIDOR, ESTADO E REGULAÇÃO DOS PLANOS...

atuar de forma a regular os determinados mercados que lhes foram destinados. Para tanto, cabe a tais entidades os deveres de: (a) manusear as informações, que agora assumem um valor tão relevante que leva o Estado a criar um maquinário específico para o seu controle e gerenciamento; b) cuidar dos anseios, muitas vezes exagerados (assim, irregulares), das multinacionais pela busca da operacionalização privada e aproveitamento das informações recebidas pelo Estado; (c) controlar os interesses normalmente exaltados dos envolvidos nesse jogo de informações preciosas (Estado – empresa – cidadão); (d) proteger o cidadão, que se encontra em situação hipossuficiente perante dois outros partícipes desse jogo (Estado e empresa prestadora do serviço público)".[73]

Ocorre que, como já observou Tércio Sampaio Ferraz, quando os modelos ideais gestados para as economias do norte são transpostos para economias tropicais nem sempre se leva em consideração um elemento fundamental que é o papel que o Estado desempenha nas economias do sul.

Nos países do sul, sobretudo da América Latina, o grau de subdesenvolvimento confere ao Estado um status de grande força indutora de desenvolvimento, com enormes tarefas nas áreas da saúde, da educação, de saneamento básico, redução da miséria e das desigualdades que marcam essas sociedades.

Então, aquele modelo ideal preconizado para as agências reguladoras sofre injunções de uma gama variada de interesses.

Interesses políticos e econômicos que atuam ora se transformando em braço do governo nos seus esforços de manter sob controle economias envolvidas com problemas de inflação alta, instabilidade cambial, desemprego alto e desigualdades sociais não existentes nos mercados do norte, ora sendo objeto de apropriação pelos interesses empresariais envolvidos nos setores objeto da regulação.

---

[73] FRANÇA, Phillip Gil. *O controle da administração pública*. São Paulo: RT, 2008, pp. 25/26.

Assim, se o modelo construído no Brasil "é claramente influenciado pelo norte-americano, em que a importância das agências segue o mesmo rumo que o progresso desse país", não se pode descuidar que "em função da diferente conjuntura político-econômica e da evidente diversidade de sistemas jurídicos, a estrutura das agências reguladoras desenvolvidas no Brasil vem recebendo delineamento diferenciado das agências internacionais. Nos EUA e países da União Europeia encontram-se entidades regulatórias como verdadeiras gerentes dos setores que atuam, detendo uma autonomia suficiente que as permite se especializarem e, consequentemente, evoluírem junto com a esfera que operam. Tal característica, de intensa autonomia, ainda não retrata o modelo nacional, porém este é o rumo almejado pelo Estado nacional, com a reestruturação da Administração Pública que está sendo empregada".[74]

Nesse contexto, a falta de clareza no emprego da natureza jurídica das operadoras e da sua atividade tem sido responsável direta para que ocorra a mitigação do direito à saúde do cidadão, e, como se verá, tem interesse de vários elementos que interagem na atividade.

Outro aspecto a não perder de vista que vale reiterar é que a saúde no Brasil foi concebida para uma atuação protagonista da saúde pública estatal, sendo reservada para a iniciativa privada a atividade complementar ao sistema público e também fora dele, como é o caso da saúde suplementar.

Em razão disso é que se afirma que a dogmática do artigo 196 da Constituição confere claramente esse protagonismo ao Estado ao lhe atribuir o dever de ofertar acesso universal igualitário à saúde ao cidadão, em todo o território nacional e comprometendo rigorosamente todas as esferas da administração pública, conforme se extrai do comando do artigo 198.

Aqui impera a máxima capitalista de que a atividade econômica privada só comparece onde há viabilidade econômico-financeira, eis que não pode atuar com prejuízo.

Assim, o Estado é que vai a todos os lugares, inclusive àqueles em que a atividade econômica privada jamais irá.

---

[74] FRANÇA, Phillip Gil. *O controle da administração pública*. São Paulo: RT, 2008, pp. 133/134.

CAPÍTULO V – CONSUMIDOR, ESTADO E REGULAÇÃO DOS PLANOS...

Por outro lado, o artigo 196 da Constituição confere ao cidadão o direito fundamental à saúde, num círculo em que o Estado tem a obrigação e o cidadão é seu credor.

Fora do círculo está a atuação da iniciativa privada como uma faculdade e, portanto, atuando somente se as condições econômicas se mostrarem favoráveis.

Nesse contexto é que se afirma que a saúde suplementar não foi concebida para suplantar o principal, o sistema público estatal de saúde, e uma das tarefas que se coloca para a sociedade é justamente a de evitar que esse processo, que induz a um crescimento desmesurado da saúde privada no país, desonerando o Estado, venha a se tornar realidade.

Vale dizer, se o sistema público de saúde funcionasse em patamares suficientemente necessários para satisfação do cidadão, é pouco provável que a quantidade de cidadãos que hoje recorrem ao sistema suplementar recorresse a ele do mesmo modo.

A sociedade pode, se quiser e desejar, construir um sistema privado maior e mais importante que o público, mas isso não pode ser uma consequência da omissão do Estado quanto ao dever que lhe impôs o art. 196 da Constituição.

Se for como consequência da omissão, como é, o Estado estará, flagrantemente, sonegando um direito fundamental e deixando, portanto, de concretizar o programa constitucional que o constituinte idealizou para a saúde no Brasil.

Por outro lado, como se viu, mesmo na saúde suplementar o Estado não perde o protagonismo, pois a ANS tem a atribuição de controlar os preços justamente porque se inserem em sua missão institucional[75] de planejar e assegurar a vigência do interesse público, e para isso foi dotada da estrutura administrativa.

---

[75] BARROSO, Luís Roberto. "Direito intertemporal, competências funcionais e regime jurídico dos planos de saúde e seguros saúde". *In:* CARNEIRO, Luiz Augusto Ferreira. *Planos de saúde*: aspectos jurídicos e econômicos. Rio de Janeiro: Forense, 2012, p. 259.

A saúde suplementar não é uma atividade estatal concedida para exploração privada. Não é serviço público. É uma atividade econômica. É uma atividade privada que, embora de interesse público, dada a sua relevância ressaltada na própria Constituição, é executada e desfrutada por entes privados, mas fiscalizada, regulada e controlada por entes públicos.

É um contexto complexo em que a atuação do contingente de empresas operadoras nem sempre vai coincidir com os interesses do Estado e do cidadão que é associado aos planos de saúde.

Exatamente por isso o legislador ordinário impôs, dentre as atribuições da ANS, o dever de avaliar o equilíbrio econômico-financeiro das operações e de modo a assegurar que os recursos que pertencem ao cidadão tenham a melhor destinação.[76]

Assim, induvidoso que o Estado regulador tem a tarefa de proteger a massa de recursos financeiros geridos pelas operadoras e isso, inequivocamente, pelo fato de constituírem propriedade dos usuários do sistema, tal como está posto na dogmática do artigo 1º, inciso I, da Lei n. 9.656/98[77], dispondo que as operadoras pagam as contas médico-hospitalares, os exames laboratoriais e todas despesas com a assistência à saúde, repita-se à exaustão, "por conta e ordem do consumidor".

Por outro lado, tendo em ordem de consideração que o Estado está obrigado a prover assistência à saúde para todos os brasileiros, de modo universal e gratuito, e nem sempre os recursos orçamentários

---

[76] Lei n. 9.661/2000, art. 4º: "XXV – avaliar a capacidade técnica-operacional das operadoras de planos privados de assistência à saúde para garantir a compatibilidade da cobertura oferecida com os recursos disponíveis na área geográfica de abrangência; XLII – estipular índices e demais condições técnicas sobre investimentos e outras relações patrimoniais a serem observadas pelas operadoras de planos de assistência à saúde".

[77] "I – Plano privado de Assistência à Saúde: prestação continuada de serviços ou cobertura de custos assistenciais a preço pré ou pós-estabelecido, por prazo indeterminado, com a finalidade de garantir, sem limite financeiro, a assistência à saúde, pela faculdade de acesso e atendimento por profissionais ou serviços de saúde, livremente escolhidos, integrantes ou não de rede credenciada, contratada ou referenciada, visando à assistência médica, hospitalar e odontológica, a ser paga integral ou parcialmente às expensas da operadora contratada, mediante reembolso ou pagamento direto ao prestador, por conta e ordem do consumidor".

CAPÍTULO V – CONSUMIDOR, ESTADO E REGULAÇÃO DOS PLANOS...

estão à altura desse desafio, passou ele também a ter interesse na ampliação da rede de cobertura das operadoras e no aumento das patologias por elas atendidas.

O que pode parecer, num primeiro olhar, uma bondade, é, na verdade, uma esperteza do Estado, pois assim se vai desonerando do encargo de colocar à disposição de uma boa quantidade de cidadãos os serviços que as operadoras de planos privados de saúde estão, cada vez mais, obrigadas a ofertar.

Tudo isso é apenas parte da singularidade de um setor integrado por entes com interesses marcadamente distintos, mas que foi concebido para atender primordialmente a assistência à saúde do cidadão, que decidiu financiá-la com seus próprios recursos, mas que também segue sendo detentor de um direito fundamental.

Isso porque, como se viu, o cidadão que resolve prover a sua assistência à saúde com recursos próprios, no caso, através da saúde suplementar, não perde a garantia do direito fundamental à saúde que é credor e pode exigir do Estado.

O Estado é que passa a ter mais um ônus, que é o de zelar pelo patrimônio do cidadão que se encontra depositado nas mãos das operadoras de planos privados de saúde.

Capítulo VI
O CIDADÃO CONSUMIDOR NA SAÚDE SUPLEMENTAR

A opção de financiar a assistência à saúde com recursos próprios é, portanto, como se viu, uma faculdade que o legislador constituinte assegurou ao cidadão no artigo 199, da Constituição Federal, sem prejuízo, no entanto, da garantia à assistência universal e gratuita assegurada pelo seu art. 196, que lhe é devida pelo Estado.

De um lado o cidadão tem o direito subjetivo que a Carta lhe assegura, o acesso gratuito e universalizado aos serviços públicos de saúde, e de outro lado há o direito que lhe confere a faculdade de contratar a assistência à saúde com recursos próprios, integrando-se a uma atividade econômica privada sobre a qual pairam os regramentos da Lei n. 9.656/98 e do Código de Defesa do Consumidor.

Vale repetir sempre que ao aderir a um plano de saúde o cidadão não deixa ser credor do direito fundamental de que o Estado lhe é devedor. Ao contrário, passa ele a ser credor de ambos, nas formas estipuladas em cada sistema.

Como já se viu, não se pode perder de vista que a relação contratual que o cidadão estabelece com o plano de saúde trata de um ato de associação a uma operação de mutualismo, cuja adesão e a permanência são regradas, primordialmente, pelo direito que está assegurado na própria Constituição, no artigo 5º, inciso XX: A liberdade de associação presta a satisfazer necessidades de várias pessoas, que podem associar-se para alcançar metas econômicas, para mútuo apoio, para fins religiosos, para promover interesses gerais ou da coletividade, ou para se fazerem ouvir, conferindo maior ímpeto à democracia participativa.[78]

Os cidadãos associam à operadora de planos privados de saúde que têm atribuição de gerir a massa de recursos constituída pela contribuição continuada de todos e, em nome deles (inciso I, do artigo 1º, da Lei n. 8.656/98), pagar as despesas decorrentes da assistência à saúde a eles entregue pelos prestadores de serviços credenciados ou não ao plano, conforme o regime da adesão.

Isso, então, como consequência do fato de o cidadão depositar recursos para constituir um fundo comum, formado pela carteira, com o objetivo de fazer frente à sua própria assistência à saúde, utilizando ou não, conforme a modalidade do contrato, da rede de prestadores de serviços credenciados ao seu plano de saúde.

De outro vértice, se, por um lado, o Estado, ele próprio como provedor, está obrigado a assegurar o acesso universal e gratuito do cidadão aos serviços públicos de saúde, por outro lado está também obrigado a promover a proteção e a defesa da atividade econômica em que está ligado o cidadão, bem como os seus interesses particulares na mesma e é precisamente esse o conceito que está estampado no ordenamento jurídico.[79]

O cidadão se associa ao fundo privado do plano de saúde pela via de contrato privado, aderindo ao processo de mutualismo, cuja adesão pode se dar por meio de contrato individual e coletivo.[80]

---

[78] BRANCO, Paulo Gustavo Gonet. "Liberdade de associação". *In:* CANOTILHO, José Joaquim Gomes; MENDES, Gilmar Ferreira; SARLET, Ingo Wolfgang; STRECK, Lenio Luiz; LEONCY, Léo Ferreira (coord.). *Comentários à Constituição do Brasil*. 1ª ed. 4. tir. São Paulo/Portugal: Saraiva/Almedina, 2014. (Série IDP), p. 308.

[79] Código de Defesa do Consumidor (Lei n. 8.078/90).

[80] Lei n. 9.656/98: "VII; a) o plano individual ou familiar é o que decorre do contrato firmado diretamente entre o consumidor e a operadora do plano de saúde destinado a

CAPÍTULO VI – O CIDADÃO CONSUMIDOR NA SAÚDE SUPLEMENTAR

As formas de contratação entre o cidadão e a operadora, segundo José Luiz Toro da Silva[81], podem ser nas modalidades individual, com ou sem os dependentes, em que a contratação é a pessoa física titular, e a coletiva, na qual quem contrata com a operadora é a pessoa jurídica, com a adesão ocorrendo como consequência do vínculo empregatício, associação a entidade ou sindicato contratante ou por adesão opcional do empregado, associado ou sindicalizado.

No novo ordenamento constitucional os direitos do consumidor se traduzem como elemento importante para a promoção do primado da dignidade da pessoa humana e recebem tratamento particular já no artigo 5º, inciso XXXII, e no artigo 170, inciso V, ambos da Carta.[82]

---

prover a assistência individual e ou familiar. O chamado plano coletivo empresarial caracteriza-se por um contrato que assegura cobertura de assistência à saúde a um grupo delimitado de consumidores, com ou sem dependentes, que se vinculam automática e obrigatoriamente ao plano de saúde em razão da relação que estabelecem com uma determinada pessoa jurídica em razão de contrato de trabalho, filiação associativa ou sindical, que, por sua vez, mantém o contrato com o fundo gerido pela operadora; b) o chamado plano coletivo empresarial caracteriza-se por um contrato que assegura cobertura de assistência à saúde a um grupo delimitado de consumidores, com ou sem dependentes, que se vinculam automática e obrigatoriamente ao plano de saúde em razão da relação que estabelecem com uma determinada pessoa jurídica em razão de contrato de trabalho, filiação associativa ou sindical, que, por sua vez, mantém o contrato com o fundo gerido pela operadora; c) o plano coletivo por adesão o vínculo não é obrigatório, eis que depende de adesão opcional;"

[81] A individual é aquela "oferecida no mercado para a livre adesão de consumidores, pessoas físicas, com ou sem grupo familiar (...)";, a coletiva empresarial é aquela que "oferece cobertura à população delimitada e vinculada à pessoa jurídica, devendo este vínculo ser de natureza empregatícia, associativa ou sindical, podendo prever a inclusão de dependentes legais da massa populacional vinculada (...) a adesão dos beneficiários da empresa, associação ou sindicato contratante será automática";, e a coletiva por adesão é aquela em que, "embora oferecida por pessoa jurídica (empresa, associação ou sindicato) para massa delimitada de beneficiários, tem adesão espontânea e opcional de funcionários, associados ou sindicalizados, com ou sem a opção de inclusão do grupo familiar ou dependentes". (*Manual de direito da saúde suplementar:* a iniciativa privada e os planos de saúde. São Paulo: M. A. Pontes, 2005, pp. 104/105).

[82] NUNES, Rizzatto. "Aspectos históricos". *In:* CANOTILHO, José Joaquim Gomes; MENDES, Gilmar Ferreira; SARLET, Ingo Wolfgang; STRECK, Lenio Luiz; LEONCY, Léo Ferreira (coord.). *Comentários à Constituição do Brasil.* 1ª ed. 4. tir. São Paulo: Saraiva; Portugal: Almedina, 2014. (Série IDP), pp. 346-350.

Com isso o cidadão assume a condição de consumidor, e incidem nessa relação, como ensina Ingo Wolfgang Sarlet, "as normas consumeristas (protetivas) que asseguram o direito (e dever) de informação, a inversão do ônus da prova, a proteção contra cláusulas abusivas, a vigência da boa-fé objetiva como *standart* de conduta das partes, a proteção contra a lesão enorme e contra a alteração da base do negócio jurídico, inclusive pela aplicação da cláusula *rebus sic stantibus*, quando necessário".[83]

Para ele, há também o "caráter duplamente indisponível do direito em casa, donde os imperativos constitucionais de tutela protetiva específica de proteção do consumidor (art. 5º, XXXII, CF), assim como a proteção da saúde, individual e coletiva (art. 196, CF), ainda embasa a atuação do Ministério Público, das associações de classe e de entidades da sociedade civil na defesa dos interesses coletivos e difusos que a partir daí se configuram".[84]

Segue orientando que "os serviços de saúde, ainda que prestados pela iniciativa privada, guardam a natureza pública e indisponível que lhe atribuiu a CF (art. 197), a determinar que a interpretação das cláusulas contratuais e o exame da responsabilidade pela execução adequada dos serviços de saúde devem submeter-se à dupla incidência da proteção fundamental do consumidor e do titular do direito à saúde. De qualquer sorte, é perceptível a tendência da jurisprudência no sentido de mitigar a autonomia contratual em favor da tutela do usuário-consumidor-paciente, impondo às operadoras de planos e seguros de saúde uma série de deveres voltados à plena assistência à saúde dos segurados, como questões relacionadas à extensão da cobertura dos contratos, aos períodos de carência, à manutenção do equilíbrio econômico-financeiro

---

[83] SARLET, Ingo Wolfgang. "Saúde suplementar". *In:* CANOTILHO, José Joaquim Gomes; MENDES, Gilmar Ferreira; SARLET, Ingo Wolfgang; STRECK, Lenio Luiz; LEONCY, Léo Ferreira (coord.). *Comentários à Constituição do Brasil.* 1ª ed. 4. tir. São Paulo: Saraiva; Portugal: Almedina, 2014. (Série IDP), p. 1944.

[84] SARLET, Ingo Wolfgang. "Saúde suplementar". *In:* CANOTILHO, José Joaquim Gomes; MENDES, Gilmar Ferreira; SARLET, Ingo Wolfgang; STRECK, Lenio Luiz; LEONCY, Léo Ferreira (coord.). *Comentários à Constituição do Brasil.* 1ª ed. 4. tir. São Paulo: Saraiva; Portugal: Almedina, 2014. (Série IDP), p. 1944.

CAPÍTULO VI – O CIDADÃO CONSUMIDOR NA SAÚDE SUPLEMENTAR

(especialmente quanto ao reajuste das mensalidades), entre outros, inclusive com a anulação judicial por abusividade (art. 51, Lei n. 8.078/90), de cláusulas contratuais".[85]

Não há qualquer dúvida quanto à proteção individual do cidadão no âmbito das suas relações com a operadora do plano de saúde que, como já se viu, também é fortemente fiscalizada pela Agência Nacional de Saúde, e do próprio Estado, que tem interesses bem definidos e específicos com relação a saúde suplementar.

Mas esse âmbito de proteção não se dirige somente à operadora, que administra os recursos do consumidor, pois atinge também todos os segmentos que, de um modo ou de outro, interagem com e no plano de saúde e o Estado tem interesses econômicos bastante evidentes nessa atividade econômica.

Um dos primeiros aspectos que salta aos olhos dá à Agência Nacional de Saúde Suplementar a prerrogativa de elaborar o rol de procedimentos e eventos em saúde e que constitui a referência básica de cada modalidade contratual instituída nos planos de saúde.

O art. 4º, inciso III, da Lei n. 9.961/2000, conferiu atribuição a ANS para aumentar, sempre que entender seja o caso, as coberturas contratuais do plano de saúde, obrigando, como se verá adiante, as operadoras a incluir nos produtos comercializados um rol cada vez maior de procedimentos, estipulando uma espécie de *"carta branca"*.

Se o fundo gerido pelas operadoras é quem financia a assistência à saúde entregue aos seus associados, na exata dicção da dogmática contida no artigo 1º, inciso I, da Lei n. 9.656/98, a extensão compulsória das coberturas onera o fundo mantido pelo cidadão e desonera o Estado.

O interesse econômico e financeiro do Estado em relação aos fundos mantidos pelo cidadão sob os cuidados das operadoras não se resume a esse processo de desoneração.

---

[85] SARLET, Ingo Wolfgang. "Saúde suplementar". *In:* CANOTILHO, José Joaquim Gomes; MENDES, Gilmar Ferreira; SARLET, Ingo Wolfgang; STRECK, Lenio Luiz; LEONCY, Léo Ferreira (coord.). *Comentários à Constituição do Brasil.* 1ª ed. 4. tir. São Paulo: Saraiva; Portugal: Almedina, 2014. (Série IDP), p. 1944.

Há também um procedimento, previsto no artigo 32, da Lei n. 9.656/98, denominado ressarcimento, por meio do qual o Estado, como se verá em capítulo próprio, não mais pela via oblíqua do sistemático processo de extensão das coberturas, avança diretamente sobre esses recursos pertencentes ao cidadão.[86]

A regra prevê que quem estabelece os valores do ressarcimento é a ANS, ou seja, em última análise, quem arbitra os valores é o próprio Estado e quem paga é o cidadão, pois a operadora o faz por conta e ordem do consumidor.

Ao inserir os consumidores no âmbito de proteção da dignidade da pessoa humana, o constituinte criou para o Estado o dever de proteção dos seus interesses, nos quais, inequivocamente, se incluem os fundos por eles mantidos nas operadoras de planos privados de saúde.

A questão é saber como proteger o fundo mantido pelos consumidores das investidas das operadoras, da ANS, do Judiciário, dos interesses empresariais que permeiam o negócio e do poder Executivo.

---

[86] Serão ressarcidos pelas operadoras dos produtos de que tratam o inciso e o § 1º do art. 1º desta Lei, de acordo o normas definidas pela ANS, os serviços de atendimento à saúde previstos nos respectivos contratos, prestados a seus consumidores e respectivos dependentes, em instituições públicas ou privadas, conveniadas ou contratadas, integrantes do Sistema Único de Saúde – SUS.

Capítulo VII

O CONSUMIDOR, PLANOS DE SAÚDE E A SONEGAÇÃO DO DIREITO À SAÚDE PELO ESTADO

É necessário expor as várias maneiras por meio das quais os vários agentes dos estatais e privados, que interagem com o segmento do sistema suplementar de saúde, produzem danos aos interesses dos consumidores associados aos planos de saúde.

A partir daí será possível propor soluções que ofereçam mais segurança aos usuários do sistema suplementar.

Já o texto do artigo 10, da Lei n. 9.656/98[87], instituiu o chamado plano-referência, que consiste num rol mínimo de coberturas que o

---

[87] "Art. 10. É instituído o plano-referência de assistência à saúde, com cobertura assistencial médico-ambulatorial e hospitalar, compreendendo partos e tratamentos, realizados exclusivamente no Brasil, com padrão de enfermaria, centro de terapia intensiva, ou similar, quando necessária a internação hospitalar, das doenças listadas na Classificação Estatística Internacional de Doenças e Problemas Relacionados com a Saúde, da Organização Mundial de Saúde, respeitadas as exigências mínimas estabelecidas no art. 12 desta Lei, exceto:
I – tratamento clínico ou cirúrgico experimental; II – procedimentos clínicos ou cirúrgicos para fins estéticos, bem como órteses e próteses para o mesmo fim; III – inseminação artificial; IV – tratamento de rejuvenescimento ou de emagrecimento com

contrato deve veicular para o cidadão que adere ao plano de saúde. Nenhum contrato ou *"produto"*, na dicção da Lei, pode ser contratado sem que estejam contempladas as coberturas do plano-referência.

Os artigos 10-A e 11, da mesma Lei, fixam outros serviços de cobertura obrigatória para as operadoras de planos privados de saúde.[88]

---

finalidade estética; V – fornecimento de medicamentos importados não nacionalizados; VI – fornecimento de medicamentos para tratamento domiciliar, ressalvado o disposto nas alíneas 'c' do inciso I e 'g' do inciso II do art. 12; VII – fornecimento de próteses, órteses e seus acessórios não ligados ao ato cirúrgico; IX – tratamentos ilícitos ou antiéticos, assim definidos sob o aspecto médico, ou não reconhecidos pelas autoridades competentes; X – casos de cataclismos, guerras e comoções internas, quando declarados pela autoridade competente.

§ 1º As exceções constantes dos incisos deste artigo serão objeto de regulamentação pela ANS.

§ 2º As pessoas jurídicas que comercializam produtos de que tratam o inciso I e o § 1º do art. 1º desta Lei oferecerão, obrigatoriamente, a partir de 3 de dezembro de 1999, o plano-referência de que trata este artigo a todos os seus atuais e futuros consumidores.

§ 3º Excluem-se da obrigatoriedade a que se refere o § 2º deste artigo as pessoas jurídicas que mantêm sistemas de assistência à saúde pela modalidade de autogestão e as pessoas jurídicas que operem exclusivamente planos odontológicos.

§ 4º A amplitude das coberturas, inclusive de transplantes e de procedimentos de alta complexidade, será definida por normas editadas pela ANS.

Art. 10-A. Cabe às operadoras definidas nos incisos I e II do § 1º do art. 1º desta Lei, por meio de sua rede de unidades conveniadas, prestar serviço de cirurgia plástica reconstrutiva de mama, utilizando-se de todos os meios e técnicas necessárias, para o tratamento de mutilação decorrente de utilização de técnica de tratamento de câncer.

Art. 10-B. Cabe às operadoras dos produtos de que tratam o inciso I e o § 1º do art. 1º, por meio de rede própria, credenciada, contratada ou referenciada, ou mediante reembolso, fornecer bolsas de colostomia, ileostomia e urostomia, sonda vesical de demora e coletor de urina com conector, para uso hospitalar, ambulatorial ou domiciliar, vedada a limitação de prazo, valor máximo e quantidade.

Art. 11. É vedada a exclusão de cobertura às doenças e lesões preexistentes à data de contratação dos produtos de que tratam o inciso I e o § 1º do art. 1º desta Lei após vinte e quatro meses de vigência do aludido instrumento contratual, cabendo à respectiva operadora o ônus da prova e da demonstração do conhecimento prévio do consumidor ou beneficiário.

Parágrafo único. É vedada a suspensão da assistência à saúde do consumidor ou beneficiário, titular ou dependente, até a prova de que trata o *caput*, na forma da regulamentação a ser editada pela ANS".

[88] Cirurgia plástica reconstrutiva de mama para tratamento de câncer e hipóteses de lesões preexistentes na data da contratação.

CAPÍTULO VII - O CONSUMIDOR, PLANOS DE SAÚDE...

A liberdade relativa para a contratação de coberturas mais amplas está prevista no artigo 12, da Lei n. 9.656/98, facultando a oferta e a contratação de produtos que foram expressamente excluídos no artigo 1º, incisos I a IV.

O primeiro aspecto que sobressai, como já se referiu, é a forma acintosa como o Estado brasileiro vem utilizando o Congresso Nacional e a atividade da Agência Nacional de Saúde Suplementar para transferir ao consumidor os encargos relacionados ao financiamento da assistência à saúde que, a teor do citado artigo 196, deveriam estar sendo providos pelo próprio Estado.

Inúmeras foram as iniciativas legislativas[89] que ampliaram o rol obrigatório de cobertura (novas cirurgias, tratamentos, remédios, exames), demonstrando uma grande disposição do legislador ordinário para criar obrigações ao cidadão associado aos planos de saúde e, com isso, contribuindo para desonerar o Estado.

Do mesmo modo, como já mencionado, a Lei n. 9.961/2000[90] atribuiu à ANS competência para ampliar as obrigações assumidas pelas operadoras nos contratos de assistência suplementar, criando um processo em que se expandiram as obrigações privadas em prol da desoneração do público.

Frequentemente a ANS edita Resoluções Normativas[91] em que também aumentam o rol dos chamados procedimentos obrigatórios forçando os planos de saúde a pagarem mais procedimentos, mais exames, mais medicamentos e, na grande maioria das vezes, sem dotar a operadora das condições para que possa recompor o impacto que os custos que tais aumentos de cobertura causam na operação.

---

[89] Por exemplo: MP 2.177-44/2001, Leis ns. 10.223/2001, 12.738/2012, 12.764/2012 e 12.880.

[90] Compete à ANS: "elaborar o rol de procedimentos e eventos em saúde, que constituirão referência básica para os fins do disposto na Lei n. 9.656/98, e suas excepcionalidades".

[91] SILVA, José Luiz Toro da. *Manual de direito da saúde suplementar*: a iniciativa privada e os planos de saúde. São Paulo: M. A. Pontes, 2005, pp. 247-568.

Esse processo ocorre sem que os usuários tenham a necessária ciência de que participam compulsoriamente de um processo em que vão sendo onerados.

Os fundos financeiros dos planos de saúde se fragilizam com o aumento das coberturas sem o aumento das contraprestações mensais pagas pelos usuários e que seriam necessárias para fazer frente aos novos encargos.

Quando o aumento da contraprestação é autorizado, contabilmente, há o aumento dos níveis de gastos dos usuários com a saúde.

Sabe-se que o tributo é considerado forma de contribuição privada destinada à manutenção da esfera pública que, por seu turno, constitui as formas de organização governamental criadas para financiar a concretização dos direitos fundamentais e de um modo que o cidadão tenha consciência dos seus deveres como contribuinte.[92]

No caso da saúde suplementar o usuário é levado a acreditar que a expansão das coberturas do seu plano de saúde o beneficia porque dele não será exigido mais do que já contribui mensalmente.

Tivesse o usuário a noção clara de que está desonerando o Estado com a expansão das coberturas obrigatórias do seu plano de saúde, certamente teria uma postura mais crítica a respeito do tema.

No entanto, o cidadão é induzido a crer que o sistema público não tem relação com o privado, o que constitui uma noção falsa do problema: "Os setores público e privado no setor de saúde brasileiro, apesar de desintegrados e descoordenados, na verdade, são extremamente interdependentes, e os limites entre ambos vão se tornando cada vez menos nítidos (...) Nenhum dos setores tem capacidade ou condições, no curto prazo, de absorver a demanda atendida pelo outro, e uma crise séria em um deles geraria efeitos importantes – ainda que distintos – sobre

---

[92] CALIENTO, Paulo. "Reserva do possível, direitos fundamentais e tributação". *In:* SARLET, Ingo Wolfgang; TIMM, Luciano Benetti (coord.). *Direitos fundamentais, orçamento e "reserva do possível"*. 2ª ed. Porto Alegre: Livraria do Advogado, 2010, p. 176.

CAPÍTULO VII – O CONSUMIDOR, PLANOS DE SAÚDE...

outro. Um colapso da saúde suplementar levaria imediatamente a um aumento considerável das demandas para o SUS, pela garantia de acesso universal (...) No Brasil, à diferença de vários outros países, os dois sistemas são excludentes ou substitutivos, pelo caráter universal do SUS".[93]

Então, aquilo que parece ser uma iniciativa que beneficia os consumidores, ao fim e ao cabo, é um expediente que onera o fundo financeiro que pertence ao cidadão, criando mais obrigações sobre ele, como é inerente a todo processo de mutualismo, e, no outro lado, desonera o Estado da sua obrigação constitucional de prover a saúde gratuita e universal.

Ao analisar o texto do artigo 1º, inciso I, da Lei n. 9.656/98, Leonardo Vizeu Figueiredo demonstra que o contrato privado de assistência à saúde tem uma função social e não só porque se trata de saúde, mas porque resulta de um processo de mutualismo, que consiste na prestação continuada de serviços ou cobertura de custos assistenciais a preço pré ou pós-estabelecido, por prazo indeterminado, com a finalidade de garantir, sem limite financeiro, a assistência à saúde.[94]

É singelo constatar que, assim, o Estado repassa para o cidadão a obrigação que lhe impôs o legislador constituinte e o faz de modo compulsório por meio das medidas normativas da ANS, em total descompasso com o programa constitucional.

Então, de um lado o Estado transfere, por meio das resoluções da ANS, um volume cada vez maior de ônus para os planos de saúde e de outro não impõe também o aumento das contraprestações para a captação dos recursos que seriam necessários para fazer frente à expansão das coberturas do plano de saúde.

É sabido que a intermitente falta de recursos no sistema público de saúde, responsável pela qualidade sofrível de alguns dos serviços

---

[93] CECHIN, José (coord.). *A história e os desafios da saúde suplementar*: 10 anos de regulação. São Paulo: Saraiva, 2008, p. 72.

[94] *Curso de direito de saúde suplementar*: manual jurídico e seguros saúde. São Paulo: MP, 2006, pp. 176/177.

públicos, quando não pela sua completa ausência, induzem o cidadão a procurar solução com seus próprios recursos, fazendo crescer o mercado de saúde suplementar no país, como constata Fernanda Schaefer, em interessante abordagem sobre o tema[95], num processo em que o Estado tira com as duas mãos.

A irresponsabilidade com o equilíbrio econômico-financeiro que deve orientar a gestão dos fundos financeiros dos usuários nos planos de saúde também induzirá a uma inevitável incapacidade de prestar bons serviços.

Outra intervenção da ANS que tem causado preocupante desequilíbrio no sistema de saúde suplementar é a que está relacionada com o impacto inflacionário sobre os fundos mantidos pelas operadoras.

Habitualmente, como ocorre com preços controlados no Brasil, não são autorizados reajustes das contraprestações pagas pelos usuários para recompor o desgaste decorrente do fenômeno inflacionário.

No entanto, como acentua Luiz Augusto Carneiro, "nos termos da própria lei, o controle e a regulamentação dos reajustes a serem aplicados pelas operadoras de saúde às mensalidades dos consumidores envolvem matéria eminentemente atuarial. Vale dizer: calcular, aprovar e autorizar determinado índice de reajuste no âmbito de um contrato privado é tarefa que envolve conhecimentos técnicos, a ser executado tendo em vista as circunstâncias de cada caso concreto. Note-se que não se cuida aqui de uma tarifa pública, que o Poder Público eventualmente poderá decidir subsidiar com recursos orçamentários para atingir fins políticos (e.g., baratear e ampliar o acesso ao serviço). Os contratos de planos e seguros de saúde são firmados entre partes privadas e têm natureza sinalagmática, como se sabe. As competências de reajustes foram atribuídas à ANS pela legislação porque justamente se inserem em sua missão institucional e sua realização demanda a estrutura técnica que foi concedida, afinal, à agência".[96]

---

[95] *Responsabilidade civil dos planos e seguros de saúde*. Curitiba: Juruá, 2003.
[96] *Planos de saúde*: aspectos jurídicos e econômicos. Rio de Janeiro: Forense, 2013, p. 259.

CAPÍTULO VII – O CONSUMIDOR, PLANOS DE SAÚDE...

A Lei n. 9.656/98 dispôs que nos "contratos individuais de produtos de que tratam o art. 1º, § 1º, inciso I desta Lei, independentemente da data de sua celebração, a aplicação de cláusula de reajuste das contraprestações pecuniárias dependerá de prévia aprovação da ANS".[97]

A partir desse comando legal, a pretexto de proteger os interesses do consumidor, a ANS desencadeou um processo de contenção da incidência dos reajustes das mensalidades nos contratos individuais e necessários à reposição do desgaste produzido pelo fenômeno inflacionário, induzindo a uma outra consequência séria.

É que os contratos coletivos foram dotados de uma maior liberdade de contratação e de negociação dos reajustes de reposição do desgaste da inflação, ao fundamento de que as empresas, ao contrário das pessoas que contratam individualmente, têm mais capacidade de negociar os termos dos seus contratos com as operadoras.

A consequência disso é que as operadoras reduziram a contratação dos chamados planos individuais para dar prioridade aos planos coletivos, pois naqueles o controle do reajuste das mensalidades é muito mais rigoroso do que nestes, enquanto nestes há maior liberdade de promover esses reajustes.

Para Januario Montone, "o controle dos reajustes de mensalidades dos planos individuais provocou como efeito colateral uma redução da oferta no mercado. Se em dezembro de 2000 essa modalidade de contratação reunia 29,5% dos beneficiários de planos regulados, em dezembro de 2007 essa participação reduziu-se para 22,5%".[98]

Pode parecer sem importância, mas a seriedade do problema está em que há uma enorme massa de trabalhadores que compõem o universo dos planos coletivos de saúde suplementar, ou seja, trata-se de um processo que estimula o plano coletivo, e a adesão a ele, de um público que potencialmente poderia estar utilizando o sistema público se ofertasse saúde de boa qualidade gratuitamente.

---

[97] art. 35-E, § 2º.
[98] *Planos de saúde, passado e futuro*. Rio de Janeiro: Medbook, 2009b, p. 57.

Enquanto os planos coletivos ganharam maior liberdade de negociação na reposição do desgaste provocado pelo fenômeno inflacionário sobre as mensalidades pagas pelos consumidores nos planos coletivos, os planos individuais, a pretexto de proteger o consumidor contra aumentos abusivos, tiveram a reposição inflacionária mais contida.

Com isso as operadoras foram estimuladas a dar preferência à contratação dos planos coletivos, que são mantidos por pessoas jurídicas, empresas, associações, sindicatos, entes públicos, que, como dito, passaram a congregar uma grande massa de trabalhadores que, na concepção do constituinte, deveriam estar sendo assistidos pelo Sistema Único de Saúde.

Assim, salta aos olhos que o reiterado aumento do rol dos procedimentos obrigatórios nada mais é que a flagrante transferência para a massa de trabalhadores alojados nos planos coletivos privados de saúde de obrigações que o Estado deveria estar dando conta, por expressa imposição do programa constitucional.

Não é preciso esforço para entender o desequilíbrio que esse expediente produz sobre o fundo, pois essas ações geram um impacto econômico financeiro cujo custo recai sobre os fundos geridos pelas operadoras, fragilizando-os flagrantemente.

Consequência mais nefasta se dá sobre as pequenas e médias operadoras que sabidamente têm mais dificuldades em suportar a expansão das coberturas obrigatórias, o que resulta num processo de concentração no setor por meio do qual as grandes passam a absorver as médias e pequenas operadoras.

Sob tal aspecto, o Estado está deixando de concretizar, como deveria, o programa constitucional de estimular a concorrência (art. 170, IV, da CF) e de proteger o consumidor (art. 170, V, da CF).

Tudo compõe um claro processo de sonegação de direitos que se torna mais significativo e dramático quando se verifica que o contingente que utiliza a saúde suplementar em planos coletivos já atinge a incrível marca de cerca de 38 milhões de indivíduos, representando cerca de 70%

CAPÍTULO VII - O CONSUMIDOR, PLANOS DE SAÚDE...

dos contratos, sendo que de 2000 a 2006 essa modalidade de contratação experimentou um crescimento de 184% em relação a individual, ou seja, é evidente a franca expansão dos trabalhadores nesse segmento.[99]

No outro lado da moeda, como já se viu, ocorre silenciosamente um outro fenômeno que resulta diretamente da soma reiterada da edição de RNs aumentando o número de coberturas obrigatórias que os planos privados de saúde devem oferecer aos seus consumidores e da contenção da reposição do desgaste provocado pelo fenômeno inflacionário, que se dá com muito mais intensidade nos planos individuais.

E isso também interessa às grandes operadoras em razão da sua maior capacidade econômica e financeira de suportar os impactos de todas essas intervenções desastradas – tendo em vista que administram fundos financeiros maiores, tendem a enxergar esse processo como uma oportunidade para imprimir mais concentração no setor.

De certo modo, a própria introdução da regulação "trouxe mudanças significativas, principalmente quanto a: autorização de funcionamento, regras uniformes de operação, possibilidade de intervenção do poder regulatório (inclusive para liquidação), exigência de garantias financeiras (reservas mínimas), exigência de assistência integral à saúde, proibição de seleção de riscos, proibição de rescisão unilateral, definição e limitação das carências e controle sobre reajustes de preços (ANS, 2003)".[100]

As pequenas e médias operadoras, que fazem a gestão de fundos pequenos e médios, passaram a não suportar a incidência simultânea desses dois fatores e o que se vê é um preocupante processo de concentração no setor da saúde suplementar, de modo que já em 2010 apenas 32 das operadoras concentravam mais de 50% dos consumidores, embora a ANS acusasse o registro formal de mais de 1.000 operadoras.[101]

---

[99] Site IDEC, Instituto Brasileiro de Defesa do Consumidor, link plano coletivo.
[100] CECHIN, José (coord.). *A história e os desafios da saúde suplementar:* 10 anos de regulação. São Paulo: Saraiva, 2008, p. 214.
[101] Site: SIB/ANS/MS, CADOP/ANS/MS. 03/201. Número de operadoras. Acesso em 6.08.2014.

Como o plano de saúde é formado a partir de um processo de mutualismo em que os consumidores constituem um fundo destinado a financiar a assistência à saúde dos seus associados, cuja gestão é responsabilidade da operadora, é fato que esse processo de aumento compulsório das coberturas e a não reposição da inflação, por um lado, oneram ainda mais os fundos mantidos pelo consumidor que, com menos recursos, passa a financiar ainda mais intensamente a sua assistência à saúde, desonerando o Estado e induzindo a concentração no setor.

Está bem desenhado que, obviamente, esse processo não interessa somente ao Estado, que evidentemente se desonera com essa transferência de responsabilidade, mas também às grandes operadoras.

Isso porque, inequívoco que os grandes fundos, operados por grandes operadoras, não só suportam com mais facilidade o processo de aumento das coberturas obrigatórias, mas também ganham com eles pela absorção dos fundos menores, não raro por intervenção direta da ANS, e também ganham mais poder de negociação no repasse de custos para os contratos coletivos.

O programa constitucional de proteção do consumidor está sendo agredido na medida em que a atividade regulatória no setor foi concebida para assegurar a higidez econômico-financeira dos planos de saúde, cujos fundos pertencem aos seus associados, de modo que sua intervenção deveria se voltar para a eficiência do serviço, de forma a não onerar os consumidores, como vem ocorrendo.

Assim, paradoxalmente, as frequentes intervenções da atividade regulatória que, a pretexto de criar e ampliar direitos, aumentam sobremaneira o rol das coberturas obrigatórias dos planos de saúde, produzem uma flagrante sonegação dos direitos que são assegurados pelo artigo 196 da Constituição Federal, onerando os consumidores e induzindo a fragilização dos recursos dos fundos que lhes pertencem e são geridos pelas operadoras.

A atividade regulatória na saúde suplementar deve ter como objetivo fundamental a preservação dos interesses do consumidor frente ao interesse do Estado em se desonerar da sua obrigação constitucional – o dever de prover a saúde universal e gratuita.

CAPÍTULO VII – O CONSUMIDOR, PLANOS DE SAÚDE...

Do mesmo modo, a intervenção da atividade regulatória no setor deveria prevenir o processo de concentração, que fragiliza os pequenos e médios fundos e induz a um processo de precarização dos direitos dos consumidores.

Em outro viés, os órgãos de proteção do consumidor, o Ministério Público e o Poder Judiciário, levados pelo conceito de que os planos de saúde constituem uma operação privada e lucrativa das empresas operadoras, bem como assentados no desejo de concretizar a proteção do consumidor, rompem com frequência as disposições contratuais para conceder individualmente mais do que é devido.

Com frequência as decisões desses órgãos, sob o fundamento de que o direito à saúde está acima das limitações contratuais, impõem às operadoras o pagamento de procedimentos, remédios, próteses e outros direitos que os contratos não asseguram, onerando o fundo em evidente prejuízo do processo de mutualismo que necessariamente tem que reger a saúde suplementar.

A completa incompreensão sobre a lógica do processo de mutualismo que deve orientar a constituição e a manutenção dos fundos geridos pelas operadoras de planos de saúde também está presente nas pretensões das entidades sindicais que representam os profissionais liberais que prestam serviços aos usuários, desde que credenciados pelas operadoras.

As entidades sindicais médicas estão recorrendo à Justiça do Trabalho para impedir o credenciamento dos médicos com as operadoras por meio de pessoas jurídicas e, assim, obter compulsoriamente para as pessoas físicas dos profissionais o repasse dos reajustes autorizados pela ANS nas contraprestações pagas pelos usuários para manutenção dos planos de saúde.

Em uma das medidas, a entidade sindical postulou a aplicação de um aumento sobre os honorários pagos aos médicos credenciados junto aos seus planos de saúde, de 2000 a 2010, em percentual correspondente ao IPCA acumulado, sobre a soma dos honorários pagos no respectivo ano e, como consequência, o pagamento da diferença entre o valor devido, após a incidência do reajuste indicado no item anterior, e o valor efetivamente pago.

Outro pleito aviado pelas entidades sindicais dos médicos é para que a Justiça do Trabalho determine que haja a inclusão em todos os contratos firmados com os médicos (pessoas físicas ou pessoas jurídicas) de uma cláusula prevendo o reajuste anual do valor dos preços pagos, estipulados em tabela própria, pelos serviços prestados aos usuários dos planos, que deve atender, no mínimo, ao percentual da inflação anual.

É como se fosse uma conta de padaria onde, uma vez autorizados aumentos pela ANS nas contraprestações pagas pelos usuários, os honorários médicos seriam aumentados na mesma proporção, desconhecendo-se completamente toda a complexidade e os riscos que caracterizam o processo de associação por mutualismo e, mais uma vez, que quem paga a conta é sempre o cidadão e não a empresa operadora, que é mera repassadora dos recursos, na forma do artigo 1º, inciso I, da Lei n. 9.656/98.

Embora as medidas judiciais aforadas pelas entidades sindicais ainda não tenham decisões das cortes superiores quando ao mérito, já se tem preocupante decisão reconhecendo a suposta competência da Justiça do Trabalho para processar e julgar litígios decorrentes de contratos de credenciamento de profissionais liberais com as operadoras de planos privados de saúde[102], cuja prestação de serviço decorre de um pacto comercial que não se amolda aos requisitos de uma relação de trabalho.

---

[102] AÇÃO CIVIL PÚBLICA – PROFISSIONAIS LIBERAIS AUTÔNOMOS E OPERADORAS DE PLANOS DE SAÚDE – PEDIDO DE REVISÃO DOS VALORES DOS HONORÁRIOS MÉDICOS – COMPETÊNCIA MATERIAL – JUSTIÇA DO TRABALHO. A controvérsia estabelecida entre médicos e operadoras de plano de saúde acerca do valor pago a título de honorários médicos é oriunda de uma relação de trabalho, estabelecida entre o médico e o plano de saúde, o que atrai a competência material da Justiça do Trabalho, nos termos do art. 114, I, da CF/88. O médico presta o serviço, ou seja, o atendimento do paciente, e em face deste trabalho recebe o pagamento da operadora do plano de saúde. A relação entre o médico e a operadora, diversamente daquela que ocorre entre um médico e o paciente, ou o cliente e seu advogado, não tem como cerne do contrato um bem de consumo, ou seja, um resultado esperado diante de um contrato realizado entre as partes, mas a própria execução do trabalho. O médico recebe diretamente da operadora pelo trabalho realizado, não sendo a operadora a destinatária final dos serviços executados. A relação de consumo, no caso, se estabelece entre o paciente e a operadora, mantendo esta com o médico uma relação de trabalho. (TRT/PR, 9ª Região. 5ª Turma. 00123-2011-016-09-00-8 (RO)).

CAPÍTULO VII – O CONSUMIDOR, PLANOS DE SAÚDE...

Outro fantasma que ronda os fundos mantidos pelos usuários de planos de saúde é a chamada judicialização da saúde.

Segundo Angélica Lúcia Carlini, um dos elementos propulsores dessa judicialização decorre "de que as inovações tecnológicas quase sempre são de alto custo, o que impacta os orçamentos da saúde pública e privada".[103]

Isso porque, segundo a autora, "a opinião médica adquire na atualidade outra dimensão quase desconhecida durante a trajetória histórica da prática médica: são decisões médicas que irão determinar os custos dos tratamentos de saúde. É a indicação médica para o uso de um medicamento ou para a realização de um exame específico de imagem que irá decretar a viabilidade econômica do serviço público ou privado (...) Quando apoiado em seu conhecimento, experiência clínica e autoridade da qual a profissão é revestida socialmente, o médico determina que somente um determinado produto medicamentoso deva ser utilizado por um paciente; ou, que somente a utilização de uma prótese poderá ser benéfica para outro paciente; ou, ainda, que somente um determinado equipamento fabricado por um produtor claramente identificado poderá ser utilizado no transplante do paciente, o médico transfere sua credibilidade historicamente construída para o produto ou o equipamento indicado que se torna, a partir de então, o único a merecer confiança do paciente, de seus familiares e por extensão, da sociedade".[104]

Isso ocorre porque, primeiro, inequivocamente não há relação de subordinação entre o médico e o seu credenciador, público ou privado, e em segundo lugar a opinião do médico nem sempre está de acordo com a opinião do credenciador e essa divergência dá azo à judicialização.

As operadoras de planos privados de saúde não podem determinar aos médicos quais procedimentos, exames, atos cirúrgicos, remédios,

---

[103] CARLINI, Angélica Lúcia. "Judicialização da saúde pública no Brasil". In: CARNEIRO, Luiz Augusto Ferreira (coord.). *Planos de saúde*: aspectos jurídicos e econômicos. Rio de Janeiro: Forense, 2012, p. 27.

[104] CARLINI, Angélica Lúcia. "Judicialização da saúde pública no Brasil". In: CARNEIRO, Luiz Augusto Ferreira (coord.). *Planos de saúde*: aspectos jurídicos e econômicos. Rio de Janeiro: Forense, 2012, p. 27.

próteses e tratamentos devem ser instituídos, pois se trata de prerrogativa do médico que só pode ser questionada por meio de reunião de junta médica, nem sempre viável na conjuntura da situação posta.

O fato é que a judicialização chegou ao seu extremo, cujo melhor exemplo é a posição do Tribunal de São Paulo que foi convertida em Súmula: "Havendo expressa indicação médica, é abusiva a negativa de cobertura de custeio de tratamento sob o argumento da sua natureza experimental ou por não estar prevista no rol de procedimentos da ANS".[105]

Não se deve desconhecer os abusos cometidos pelas operadoras, cuja abordagem demandaria um outro estudo, quiçá até mais relevante que este, mas o objeto aqui são os processos de transferência de responsabilidades do público para o privado.

Um dos desdobramentos que emergiu do aumento dos custos da saúde pública em virtude da judicialização foi a orientação do Conselho Nacional de Justiça para a criação da câmara de suporte técnico para que os magistrados pudessem ter acesso a uma segunda opinião antes de decidir.[106]

Os efeitos da judicialização sobre o orçamento público de SUS, União, Estados, Distrito Federal e Municípios também levaram o Supremo Tribunal Federal a realizar audiências públicas para, a partir do caso concreto[107], estabelecer critérios orientadores das decisões judiciais em face dos gestores da saúde pública.

Sob a presidência do Ministro Gilmar Mendes, foram ouvidos diversos especialistas para uma abordagem multiprofissional em que foi

---

[105] Súmula 102 do Tribunal de Justiça do Estado de São Paulo.

[106] Resolução 31, do Conselho Nacional de Justiça.

[107] No pedido de Suspensão de Tutela Antecipada n. 175, formulado pela União (que contém apensa a Suspensão de Tutela Antecipada n. 178, de idêntico conteúdo, formulada pelo Município de Fortaleza), contra acórdão proferido pela 1ª Turma do Tribunal Regional Federal da 5ª Região, nos autos da Apelação Cível n. 408729/CE (2006.81.00.003148-1).

possível conhecer todas as facetas do tema, desde os argumentos relacionados com a necessidade de concretização dos direitos fundamentais, levando em consideração que se traduzem em direitos subjetivos do cidadão em face do Estado, até os meandros econômicos e financeiros que expuseram os limites orçamentários da administração pública, que foram alinhavados pelo Ministro Gilmar Mendes em sua decisão.

A decisão enfrenta o tema do direito à saúde, estabelecido no artigo 196 da Constituição Federal, sob todos os seus aspectos: (1) "direito de todos" e (2) "dever do Estado", (3) garantido mediante "políticas sociais e econômicas" (4) "que visem à redução do risco de doenças e de outros agravos", (5) regido pelo princípio do "acesso universal e igualitário" (6) "às ações e serviços para a sua promoção, proteção e recuperação".

A decisão estabelece um protocolo com dois pressupostos orientadores das decisões judiciais: primeiro, verificar a existência de política estatal na prestação de saúde pleiteada pela parte – existindo a política, o direito subjetivo público à saúde deve ser protegido judicialmente; segundo, não existindo a política, observa-se o próximo passo para se aferir se a não-prestação de saúde pleiteada decorre de omissão legislativa ou administrativa ou mesmo de uma decisão administrativa de não fornecê-la.

O objetivo é evitar decisões padronizadas que levem em consideração as singularidades de cada caso, tornando o sistema público de saúde refém de uma única opinião médica em situações que comportam mais de uma solução, sendo uma delas menos onerosa para o orçamento público.

O fato é que quando se estende a cobertura da assistência à saúde, seja no ambiente público seja no privado, há repercussão sobre os custos dos sistemas, sendo que no caso do sistema público o ônus recairá sobre o orçamento público, e no caso do sistema privado, sobre o cidadão que mantém os fundos geridos pelas operadoras.

O tema da judicialização da saúde no Brasil tem sido objeto de inesgotáveis estudos e, embora seja o objetivo aqui proposto, merece referência na medida em que impacta enormemente também o orçamento dos fundos mantidos pelas operadoras de planos privados de saúde e já são inúmeras as súmulas editadas em diversos tribunais de segundo grau.[108]

Até aqui os debates travados nas decisões judiciais não foram ao ponto de examinar o impacto econômico financeiro que cada uma delas, em cada processo, deve ter sobre a prestação que o usuário litigante deveria pagar a partir da ampliação da sua cobertura a partir da respectiva decisão, mas é bem provável que em algum momento o Judiciário seja chamado a enfrentar a questão sob esse viés.

Aqui importa constatar que o mutualismo que impregna a lógica do funcionamento dos planos privados de saúde tem sido ignorado em larga escala na judicialização da saúde e, além de ameaçar a saúde financeira dos fundos, está em completo descompasso com o princípio constitucional da segurança jurídica.

O Ministro Marco Aurélio também chega à conclusão de que o Estado deveria prestar prioritariamente a assistência à saúde pela via do serviço público, aquela universal e gratuita a que se refere o artigo 196 da Constituição Federal, mas o orçamento público nem sempre suporta as exigências da universalização.

Ao transpor essa situação para os planos privados de saúde, o Ministro invoca o princípio da segurança jurídica e assinala que a "higidez financeira dessas empresas está diretamente ligada ao conceito de equilíbrio econômico-financeiro dos contratos de seguro-saúde. A noção de seguro – um contrato aleatório – pressupõe o justo equilíbrio entre o prêmio pago pelos beneficiários e a taxa de verificação de sinistros. É um cálculo de cunho atuarial que ajuda a evitar o distanciamento entre eles, sendo certo que o volume de recursos arrecadados deve ser superior

---

[108] Por exemplo, do Tribunal de Justiça do Estado de São Paulo: Súmulas 90 a 105, todas ampliando coberturas dos usuários de planos privados de saúde.
Do Tribunal de Justiça do Estado do Rio de Janeiro: Súmulas 209, 210, 211, 214, 258, 293, todas ampliando coberturas dos usuários de planos privados de saúde.

CAPÍTULO VII – O CONSUMIDOR, PLANOS DE SAÚDE...

aos custos decorrentes do pagamento de serviços médicos, sob pena de inviabilidade econômica da operadora e do respectivo plano. Para tanto, faz-se necessário, de um lado, que o prêmio pago pelos beneficiários seja suficiente ao funcionamento do sistema e, de outro, no caso das operadoras que exploram tal aspecto de modo lucrativo, que proporcionem algum retorno na realização do empreendimento empresarial".[109]

O fato é que as decisões judiciais devem levar em ordem de consideração que o aumento desmesurado das coberturas contratuais, ignorando o fator do mutualismo, cria privilégios entre os participantes do mesmo grupo, pois entrega para uns mais do que foi contratado e gera ônus para outros.

Inegável que ao gerar benefício, nem sempre devido, para um cidadão que participa do grupo que mantém o fundo, ao mesmo tempo gera sacrifício e ameaça para o direito de todos os outros.

Tudo a conspirar, como já se disse, a favor ao processo de concentração do setor, na medida em que tais intervenções produzem ônus com os quais as pequenas e médias operadoras não conseguem suportar.

O que se tem até aqui é a ação da ANS que contém o reajuste dos efeitos inflacionários sobre as mensalidades dos consumidores, aumenta as coberturas, controla os preços, onera os fundos com o ressarcimento de um lado, e do Judiciário em ampliar as coberturas contratuais, tudo sob o pretexto de atender aos interesses do consumidor e sem se dar conta de que tais ações vão produzir um processo de concentração no setor, produzindo custos que serão sempre suportados pelo consumidor, num claro processo de desoneração das obrigações que a Constituição Federal impôs ao Estado Brasileiro.

---

[109] MELLO, Marco Aurélio. "Saúde suplementar, segurança jurídica e equilíbrio econômico financeiro". *In:* CARNEIRO, Luiz Augusto Ferreira (coord.). *Planos de saúde*: aspectos jurídicos e econômicos. Rio de Janeiro: Forense, 2013, p. 13.

Capítulo VIII
INCONSTITUCIONALIDADE DO ARTIGO 32 DA LEI N. 9.656/1998

O exemplo mais flagrante do processo de transferência de violação do direito fundamental à saúde pública universal e gratuita está estampado no artigo 32 da Lei n. 9.656/98, que criou a figura do chamado ressarcimento ao SUS: "Serão ressarcidos pelas operadoras dos produtos de que tratam o art. 1º, § 1º, inciso I desta lei, de acordo com as normas a serem definidas pela ANS, os serviços de atendimento à saúde previstos nos respectivos contratos, prestados a seus consumidores e respectivos dependentes, em instituições públicas ou privadas, conveniadas ou contratadas, integrantes do Sistema Único de Saúde – SUS (redação dada pela Medida Provisória n. 2.177-44, de 2001)".

A partir daí a União, por meio da ANS, passou a estipular os valores (art. 31, § 1º, da Lei n. 9.656/98) a serem objeto de ressarcimento e o procedimento da cobrança do ressarcimento pelos serviços de assistência à saúde prestados ao usuário do plano de saúde que fez uso da rede pública de saúde.

No entanto, a hipótese de que a União Federal pode cobrar pelos serviços que presta na sua rede credenciada de saúde soa totalmente estranho ao texto dos artigos 175 e 196 da Constituição Federal, que lhe impõe o dever de prestar a assistência à saúde de modo universalizado e gratuito, pois, se é assim, não pode exigir contraprestação alguma de quem quer que seja.

De outro vértice, não é menos estranho que o fundo mantido pelos cidadãos de determinado plano de saúde tenha lançado contra si uma fatura para cobrança de serviços que o SUS prestou a um dos seus associados.

Inequivocamente, através da figura do ressarcimento, o Estado está sequestrando recursos que pertencem ao cidadão e o faz para remunerar serviços que deveria prestar gratuitamente, emergindo daí uma afronta grave ao art. 196 da Constituição, que veda ao Estado qualquer cobrança pelos serviços que presta a todo e qualquer cidadão, sendo ele detentor ou não de direito à assistência à saúde suplementar.

Isso só seria possível se os recursos administrados pelas operadoras de planos de saúde tivessem saído da esfera de propriedade dos consumidores e passado à esfera de propriedade da empresa, situação que contrasta totalmente com a regra contida na lei no sentido de que os pagamentos são realizados "por conta e ordem do consumidor".

A confusão conceitual criada em torno da natureza jurídica desses fundos tem origem no embate ideológico que marcou a discussão do tema nos trabalhos da constituinte – de um lado os defensores de uma saúde totalmente estatal e sem espaço para a participação da iniciativa privada e, de outro, os beneficiários do sistema que existia até então, no qual o privado era beneficiado com recursos públicos para implementar seus projetos que concebiam a saúde como mercadoria, figura que foi eliminada pela Constituição ao vedar a transferência de recursos públicos para entes privados, na forma do art. 199, § 2º.

O artigo 32 da Lei n. 9.656/98 é fruto, de um lado, da ideia ideologicamente equivocada de que as operadoras são unicamente balcões que comercializam saúde ou, de outro lado, da noção empresarial de acalentar o sonho de atribuir-lhes institucionalmente a posição de proprietárias dos fundos por elas administrados, em ambos os casos em flagrante prejuízo dos consumidores que são os verdadeiros proprietários dos recursos.

CAPÍTULO VIII - INCONSTITUCIONALIDADE DO ARTIGO 32 DA LEI...

O Estado, por seu turno, passa a enxergar o expediente como mais uma fonte de financiamento da saúde pública, visão que se torna mais evidente na ação da ANS que tende, cada vez mais, a aumentar continuamente o rol das coberturas obrigatórias nos contratos de planos de saúde, ou seja, transferindo continuamente o ônus da assistência à saúde para o consumidor dos planos de saúde.

Se consciente desse exotismo, o cidadão certamente não concordaria que os seus recursos fossem destinados para financiar o sistema público, para o qual há expressa vedação de qualquer tipo de contrapartida, a não ser a institucionalmente estabelecida no sistema tributário e com a finalidade de arrecadar recursos para a concretização do programa constitucional no qual está contemplado o direito fundamental à saúde universal e gratuita e a vedação que o Estado possa cobrar por ela.

Isso porque, segundo Nabais[110], o imposto não pode ser tido apenas como um mecanismo de poder do Estado para arrecadar e tampouco um sacrifício do cidadão, mas uma contribuição insubstituível e indispensável para a organização da sociedade, uma vida digna e um estado racional.

Segundo o autor, para isso é necessário que o cidadão possa confiar de que o Estado vai realizar seu mister e o primeiro passo para isso é que saiba transparentemente com quais encargos deve assumir e, no caso da saúde suplementar, o Estado cobra sem informar claramente que está cobrando. Ao contrário, induz que não está.

A situação torna-se mais perturbadora quando se constata que houve uma crescente ação das operadoras para diminuir as contratações de planos individuais, preocupadas com o equilíbrio econômico-financeiro por elas administrado, e um crescente aumento dos planos coletivos, dos quais participam uma imensa massa de trabalhadores, incrementada a partir dos ganhos reais que decorrem do método de correção do salário mínimo em vigor nos últimos anos em que o país viveu estabilidade da política econômica com uma situação de pleno emprego.

---

[110] NABAIS, José Casalta. *O dever fundamental de pagar impostos*. Coimbra: Almedina, 2009.

O mais curioso é que, como parte importante desse processo, criou-se nos meios de comunicação um senso comum de que o uso da rede pública pelos consumidores dos planos de saúde gera ônus indevido para o SUS.

Trata-se, no entanto, de um "ouro de tolo" a ludibriar os setores de esquerda, sempre mais mobilizados e atuantes no segmento da saúde, em defesa dos avanços consignados na nova Carta, sobretudo pelo preconceito com que enxerga a atividade privada na saúde.

A manobra tem funcionado na medida em que existe uma continuada rejeição a qualquer cooperação com a iniciativa privada que atua fora do sistema único, como se o § 2º do artigo 199 da Constituição tivesse sido consignado nela para impedir qualquer tipo de parceria com o privado.

O que o constituinte estabeleceu foi o repasse de recurso públicos para "auxílios ou subvenções às instituições privadas com fins lucrativos", o que parece tem induzido o equívoco de que houve a completa proibição da cooperação entre o sistema público e as instituições privadas com fins lucrativos.

De qualquer modo, é impossível superar a premissa de que o cidadão que adquire um plano de saúde não renuncia a assistência gratuita a quem tem direito junto ao Estado (artigo 196, da Constituição Federal). Uma obviedade. Como também não é possível, furtivamente, como pretendem alguns, transferir todo o patrimônio que compõe os fundos que pertencem aos consumidores para a esfera de propriedade das operadoras, ao arrepio do conceito que o texto legal lhes imprime.

O argumento de que o uso das unidades do SUS por consumidores de planos de saúde onera o sistema público, por tudo o que já se disse, não suporta a crítica política mais superficial.

Não é difícil imaginar os efeitos orçamentários e políticos que adviriam da cena em que os milhões de consumidores que hoje utilizam os planos de saúde simplesmente abandonassem essa possibilidade e passassem a utilizar o SUS.

CAPÍTULO VIII – INCONSTITUCIONALIDADE DO ARTIGO 32 DA LEI...

Fácil ver que, ao contrário de onerar o SUS, os planos de saúde constituem um extraordinário espaço de desoneração, e pela singela e óbvia razão de que os cerca de 50 milhões de consumidores que recorrem a um procedimento pago pelo plano de saúde deixam de onerar essa despesa com o SUS.

Então, disso resulta que quando o SUS lança uma fatura para cobrar o valor de uma conta hospitalar referente ao uso da rede pública pelo consumidor está, na verdade, pela via oblíqua, cobrando do cidadão pela assistência à saúde que deveria estar prestando gratuitamente.

Assim, a ideia de que a operadora de plano de saúde está tendo ganho indevido com o uso da rede pública é um equívoco ideológico e uma farsa contábil.

Sob o aspecto político, financeiro e econômico, o ressarcimento pretendido pelo art. 32, como referido, é um erro grosseiro.

Isso na medida em que as atividades dos planos de saúde funcionam inegavelmente como um grande duto de desoneração do SUS, pois ao se associar a um plano de saúde o consumidor está assumindo para si o ônus de financiar sua própria assistência, embora continue tendo o direito à assistência universal que lhe assegura o art. 196 da Constituição Federal.

Essa premissa equivocada do artigo 32, de que quem paga o ressarcimento ao Estado é a pessoa jurídica da operadora e não a pessoa física do beneficiário do plano contratado, está claramente estampada nos fundamentos do voto do Ministro Maurício Correa para indeferir a liminar postulada na Ação Direta de Inconstitucionalidade[111], cujo julgamento ainda está em curso no Supremo Tribunal Federal, que questiona, no que interessa aqui, a constitucionalidade do artigo 32, que está a merecer análise mais detida.

Ali, efetivamente, o STF se posicionou no sentido de que: "Prestação de serviço médico pela rede do SUS e instituições conveniadas,

---

[111] BRASIL. Supremo Tribunal Federal. *ADI-MC 1931 DF*. Relator: Maurício Corrêa. Julgamento: 21.08.2003. Órgão Julgador: Tribunal Pleno. Publicação: DJ 28.05.2004 pp-00003 ementa vol-02153-02 pp-00266.

em virtude da impossibilidade de atendimento pela operadora de Plano de Saúde. Ressarcimento à Administração Pública mediante condições preestabelecidas em resoluções internas da Câmara de Saúde Complementar. Ofensa ao devido processo legal. Alegação improcedente. Norma programática pertinente à realização de políticas públicas. Conveniência da manutenção da vigência da norma impugnada (...)".

Ao proferir seu voto contrário à concessão da liminar, o Ministro Maurício Corrêa orientou-se por informações que solicitou ao Ministério da Saúde[112], em que é flagrante o preconceito ideológico contra a atividade privada na saúde suplementar e o completo desconhecimento da natureza de mutualismo que orienta a atividade.

Na Nota Técnica que o Ministério da Saúde enviou ao Ministro está consignado, sem rodeios, que "cada vez que o consumidor se interna em um hospital público tendo direito a um produto que dava direito a internação em hospital particular (...) todo o custo dessa internação desaparece da balança de pagamentos da empresa". Está mais que evidente

---

[112] A Nota Técnica do Diretor do Departamento de Saúde Suplementar do Ministério da Saúde, Dr. João Luiz Barroca de Andréa, especificamente em relação ao ressarcimento, veiculou o seguinte conceito: "Neste trecho fala-se do devido ressarcimento ao Sistema Único de Saúde (SUS). Pretendem os autores obstruir a verdade com o exposto. Na regulamentação da matéria (Resolução CONSU n. 9 em anexo) já permanece claro que o ressarcimento é devido dentro dos limites de cobertura contratuais. E significa somente que os estabelecimentos hospitalares com financiamento público poderão cobrir gastos com os eventos relacionados aos usuários de planos e seguros. Não se está falando de discriminação de usuários, ou de limitação de direitos de cidadania, estamos sim apontando a necessidade da empresa honrar seus compromissos consignados em contrato. Pois a cada vez que o consumidor se interna em um hospital público tendo direito a um produto que dava direito a internação em hospital particular, podemos afirmar que estão acontecendo dois fenômenos: a operadora não honrou com seu compromisso contratual e não disponibilizou leito hospitalar em clínica privada, e todo o custo dessa internação desaparece da balança de pagamentos da empresa. 58. De forma mais direta: o consumidor é logrado e a empresa lucra de forma abusiva, mais uma vez. Trata-se, portanto, de fazer com que as operadoras apenas honrem seus compromissos, independentemente da natureza jurídica do prestador de serviço, se público ou privado. Certamente a máxima de parte – cada vez menos, acreditamos – do empresário brasileiro que afirma: 'o lucro é privado, e o prejuízo é do estado', no caso em tela se aplicaria de forma pouco adaptada: 'a receita é do empresário e a despesa do estado'".

CAPÍTULO VIII – INCONSTITUCIONALIDADE DO ARTIGO 32 DA LEI...

que o equívoco decorre da crença de que quem paga a conta hospitalar é a empresa, como decorrência da crença de que os recursos utilizados para o pagamento da conta pertencem a ela.

Obviamente que quando a ANS lançar uma fatura para cobrar o atendimento prestado ao cidadão usuário do plano de saúde o custo vai reaparecer na balança de pagamentos da empresa, mas se trata de claro equívoco concluir que quem paga é a empresa, pois ela, na verdade, como mera gestora dos recursos, realizará o ressarcimento ao SUS na exata forma do art. 1º, inciso I, da Lei n. 9.656/98, ou seja, "por conta e ordem do consumidor".

O ressarcimento, a toda vista, é uma figura que está em total descompasso com o mutualismo, com a lei e com os interesses do consumidor.

É o mesmo espírito que orienta a regra do referido artigo 32, da referida lei, é o mesmo que leva a ANS a aumentar continuamente o rol das coberturas obrigatórias, ou seja, a transferência do ônus da assistência à saúde para o consumidor dos planos de saúde, com a crença de que quem arca com esse ônus é a empresa.

Como parte importante desse processo, criou-se nos meios de comunicação o dogma de que o uso da rede pública pelos consumidores dos planos de saúde gera ônus indevido para o SUS.

Como dito, o cidadão que adquire um plano de saúde não renuncia à assistência gratuita a quem tem direito junto ao Estado (artigo 196 da Constituição Federal). Uma obviedade.

Imagine-se que o cidadão, por opção, resolveu utilizar os serviços do SUS em razão de sua excelência – e há muitos serviços públicos, próprios e credenciados, de excelência. Nesse caso não se faz presente a premissa de que o plano de saúde "não honrou com seu compromisso contratual". Logo, não estaria presente um dos requisitos postos na Nota Técnica a ensejar o ressarcimento. Mas a dogmática do artigo 32 não permite nem mesmo essa digressão.

Assim, o desarranjo hermenêutico que orienta a tese da constitucionalidade do artigo 32 é flagrante, pois o texto constitucional proíbe a cobrança pelo Estado de qualquer tipo de assistência que vier a prestar ao cidadão, com ou sem plano de saúde.

A ideia de que a operadora de plano de saúde está tendo ganho indevido com o uso da rede pública é um equívoco ideológico e uma farsa contábil, pois o beneficiado direto é o cidadão que verá o fundo privado a ele pertencente não dispender recursos com a sua assistência à saúde porque o Estado cumpriu o seu mister constitucional.

Os consumidores dos planos de saúde, na sua imensa maioria, também pagam impostos e, como tal, contribuem para a formação do caixa que mantém o Sistema Único de Saúde, sendo que, além disso e independentemente disso, também estão sob o manto do art. 196 da Constituição Federal, que lhes confere o direito à saúde gratuita mantida pelo SUS.

Assim, a exegese que o Supremo fez provisoriamente do artigo 32, que parte da premissa totalmente equivocada de que as operadoras são empresas privadas no sentido clássico, ou seja, um empreendimento em que o capitalista investe e trabalha com o seu próprio capital, podendo dispor dele da forma como bem entende, submetendo-o aos riscos que quiser, auferindo os lucros que emergem da atividade, é insustentável frente ao conceito de mutualismo que orienta a atividade.

A conclusão inevitável é de que a operadora é uma pessoa jurídica de direito privado, mas sua atividade é notadamente de relevância pública em face da atividade de assistência à saúde, que, em razão disso, atua sob forte regulação, e os recursos que administra não lhe pertencem, pois é apenas a gestora de poupança popular, o que já a torna diferente da empresa privada clássica.

A própria atividade fim também é notadamente de relevância pública na medida em que as operadoras prestam assistência à saúde a milhões de pessoas, razão pela qual o legislador, inteligentemente, estabeleceu forte fiscalização e controle estatal (ver os arts. 3º, 8º, 20, 21, 22, 23 e 24, da Lei n. 9.656/98).

É exatamente esse forte controle estatal sobre todos os aspectos da atividade a marca mais proeminente dessa atividade, eis que se trata

CAPÍTULO VIII - INCONSTITUCIONALIDADE DO ARTIGO 32 DA LEI...

de uma atividade que se distingue pelo seu interesse público, por não comercializar produtos típicos de mercancia e manter com os seus consumidores uma relação que depende da ocorrência de determinado episódio de infortúnio.

Então, não há como afirmar que as operadoras constituem-se típicos empreendimentos privados, como querem alguns.

A operadora trabalha com recursos alheios e constitui ingenuidade ou ignorância contábil imaginar que o ressarcimento ao SUS será retirado do lucro da operadora e não do fundo pertencente aos consumidores.

Quando muito, em decorrência do ressarcimento, o lucro da operação poderá ser menor, mas quem pagará o ressarcimento é sempre o fundo mantido pelos consumidores.

Essa esquizofrenia é fruto do preconceito ideológico que orientou o debate em torno da disputa entre a tese do sistema estatal – de um lado, que vedava toda e qualquer participação privada na saúde, um sonho *esquerdista* inexequível no Brasil – e de outro os que queriam a manutenção da mercantilização.

Prevaleceu a tese da participação suplementar da iniciativa privada nas ações de saúde – consenso construído pela junção de alguns setores de *esquerda* e de *centro*. Foi esse mesmo preconceito que impediu ao legislador ordinário enxergar a total incompatibilidade entre a regra do artigo 32 e a que está no art. 1º, inciso I, da Lei n. 9.656/98.

A rigor, dada a sua simplicidade contábil e financeira, o debate sobre o tema nem deveria demandar tanto esforço.

Mas quando o equívoco ganhou a chancela do Supremo Tribunal Federal – eis que os ministros foram induzidos a crer que os recursos da operadora dos planos de saúde são do empresário e não dos consumidores –, uma cortina de fumaça envolveu a questão e tornou inevitável um exame mais acurado do tema.

Quiçá a absurda quantidade de questões postas na ADI tenha contribuído para que o tema não tenha sido objeto da necessária reflexão.

Mas está claro que, ao contrário de se constituir num ônus para a sociedade, como se fosse uma atividade reprovável, moralmente censurável, eis que *vende* assistência à saúde, a ação das operadoras representa um extraordinário alívio ao SUS, desonerando da prestação de uma incrível quantidade de serviços a que está constitucionalmente obrigado.

O constituinte permitiu a exploração privada dos serviços de saúde diante da evidente e histórica incapacidade do sistema público de saúde de garantir tal direito a todos e o que se espera é cooperação para que a população possa ser melhor atendida nos dois sistemas.

Os consumidores que estão albergados nas carteiras administradas pelas operadoras de planos privados não podem ser responsabilizados pela deficiência estatal, uma vez que a própria Constituição Federal resguarda o direito à saúde a todos os cidadãos, de modo igualitário, e o impõe como uma obrigação do Estado.

A situação é exótica na medida em que o Estado não oferta assistência à saúde o suficiente para concretizar o princípio constitucional da universalidade (art. 196 da Constituição) e induz o cidadão a participar de um plano de saúde para prover sua assistência à saúde com recursos próprios e quando, por qualquer razão, recorre aos serviços públicos de saúde mantidos pelo Estado ainda é cobrado.

Assim, inafastável que através do ressarcimento o Estado está transferindo para o cidadão que se associa ao plano privado uma obrigação que é exclusividade sua, violando frontalmente o disposto no artigo 196, da CF/88, que prevê: A saúde é direito de todos e dever do Estado, garantido mediante políticas sociais e econômicas que visem à redução do risco de doença e de outros agravos e ao acesso universal e igualitário às ações e serviços para sua promoção, proteção e recuperação.

Ora, não é a operadora que se beneficiaria com o não ressarcimento ao SUS, mas o próprio consumidor que veria o fundo ser incrementado pelo não lançamento dessa despesa.

Além disso, da forma como foi imposto, as operadoras, ao firmar contratos de planos de assistência à saúde, passam a assumir a total

CAPÍTULO VIII – INCONSTITUCIONALIDADE DO ARTIGO 32 DA LEI...

responsabilidade pela saúde de seus beneficiários, como verdadeiras substitutas do Estado.

Nada disso foi objeto de exame por ocasião do julgamento da ADI n. 1.931, o que instiga e autoriza que se reflita sobre o tema para que se possa corrigir a absurda distorção que se apresenta no supracitado art. 32, afastando a violência que o ressarcimento vem desferindo contra os recursos pertencentes aos consumidores.

Embora a inconstitucionalidade do artigo 32 seja evidente, no curso de duas ações ordinárias ajuizadas em face da ANS, cujo objeto foi o ressarcimento ao SUS, foram produzidos dois laudos periciais nos quais os peritos foram instados a responder a quem pertencem os recursos geridos pela operadora do plano de saúde e quem paga pelos procedimentos empregados para a assistência à saúde dos seus consumidores.

No primeiro caso a conclusão do laudo pericial foi no sentido de que a operadora paga aos prestadores de serviços que entregaram a assistência à saúde dos seus associados por conta e ordem deles, de modo que o papel dela é o de gestora de recursos a que pertencem aos consumidores.[113]

Outra não foi a conclusão em novo trabalho pericial onde a *expert* deixou também claro, diante do quadro contábil de um plano de saúde,

---

[113] SIQUEIRA, Oswaldo Bacellar. *Laudo Pericial nos autos de Ação Ordinária n. 2007.70.00.025350-6*. Vara Ambiental de Curitiba, 2008.
Conclusão do laudo: "os pagamentos dos eventos indenizáveis ocorridos são efetuados pela operadora em nome dos beneficiários e nesse aspecto é possível afirmar que o quando a operadora paga a conta hospitalar, os honorários médicos, medicamentos e exames, ela atua como gestora dos recursos utilizados para o pagamento dessas despesas, ou seja, efetua os pagamentos 'por conta e ordem do consumidor', conforme dispõe o inciso I, do art. 1, da Lei n. 9.656/98, e que "ao tratar o ressarcimento ao SUS como um evento indenizável ocorrido e promover o seu pagamento com os recursos dessa rubrica, pode-se entender como correta a assertiva de que quem está indiretamente pagando a despesa é o usuário do plano de saúde, pois a operadora é apenas a gestora desses recursos, que não compõem o seu custo operacional", arrematando que, ao contrário do que o senso comum tem sustentado, "é correto afirmar que os planos de saúde desoneram o SUS – Sistema Único de Saúde – sob o aspecto orçamentário, e ainda desafogam significativamente a quantidade de atendimentos realizados pelo sistema público".

que é absolutamente correta a assertiva de que quem paga os custos da assistência à saúde é o consumidor, por meio do fundo ao qual se associou para essa finalidade, eis que a operadora sempre o faz por conta e ordem do consumidor.[114]

Trata-se, portanto, embora desnecessário, de uma inconstitucionalidade demonstrada contabilmente e que está subsistindo equivocadamente em claro dano aos interesses do consumidor.

Os valores que o Estado, por meio da ANS, está retirando e ainda pretende retirar dos consumidores é estratosférico. Segundo a ANS a arrecadação do ressarcimento cresceu em 82% entre 2013 e 2014.

Segundo a agência, em 2014 foram ressarcidos R$ 335,74 milhões, e entre 2011 a novembro de 2014, o valor do ressarcimento chegou a R$ 673,66 milhões.

Dos valores não pagos pelas operadoras que ainda aguardam o desfecho da questão no STF, é da ordem de R$ 189,64 milhões e de mais R$ 510,71 milhões que já haviam sido encaminhados para a dívida ativa no período 2011 a novembro de 2014.[115]

---

[114] CHAURAIS, Vera Lúcia Artigas. *Laudo pericial nos autos de Ação Ordinária n. 2005.70.00.028080-0*. Segunda Vara Federal da Seção Judiciária de Curitiba, 2009.
Conclusão do laudo: "deduz-se que o recebimento das mensalidades dos beneficiários do PLANO DE SAÚDE é reconhecido como receita operacional – CONTRAPRESTAÇÕES LÍQUIDAS/PRÊMIO RETIDO (311) – e a contraprestação dos serviços médico-hospitalares e ambulatoriais é reconhecido como gastos/despesas operacionais – EVENTOS/SINISTROS INDENIZÁVEIS RETIDOS (411). Assim, pelo que se pode observar, a operadora paga as despesas médicas-hospitalares realizadas pelos beneficiários, em contraprestação ao contrato firmado entre eles. Se considerarmos que as parcelas pagas ao plano pelos beneficiários seriam a antecipação do pagamento de despesas médicas-hospitalares a serem realizadas em um futuro, e que quando o montante pago for menor que a despesa incorrida, presumindo-se a continuidade do plano, a operadora virá a se ressarcir das despesas pagas, pode-se dizer que a operadora paga os eventos indenizáveis ocorridos por conta e ordem do consumidor/beneficiário" e que, assim, "é correta a assertiva de que quem paga os eventos indenizáveis ocorridos é o consumidor".
[115] Fonte: www.ans.gov.br, link Integração com o SUS. Nota da ANS de 09.02.2015. Acesso em 23.02.2015

Capítulo IX
BREVES ANOTAÇÕES À LEI N. 9.656/98

Art. 1º Submetem-se às disposições desta Lei as pessoas jurídicas de direito privado que operam planos de assistência à saúde, sem prejuízo do cumprimento da legislação específica que rege a sua atividade, adotando-se, para fins de aplicação das normas aqui estabelecidas, as seguintes definições;[116-117-118-119-120]

---

[116] Assim, a atribuição da empresa operadora é a de atuar como administrador do fundo comum constituído a partir das contribuições mensais, que se constitui na carteira formada pelo conjunto de pessoas que a ela adere, sendo, portanto, gestora de recursos que pertencem ao consumidor associado.

[117] A saúde suplementar é um ramo de atividade que foi concebido para atuar à margem do Estado, que intervém apenas e tão somente como regulador, e é válido realçar que a atividade econômica está nesse contexto como princípio constitucional, na dicção do parágrafo único do artigo 170: "É assegurado a todos o livre exercício de qualquer atividade econômica, independentemente de autorização de órgãos públicos, salvo nos casos previstos em lei".

[118] Redação dada pela Medida Provisória n. 2.177-44, de 2001.

[119] TJ/SP – Súmula n. 100: O contrato de plano/seguro saúde submete-se aos ditames do Código de Defesa do Consumidor e da Lei n. 9.656/1998, ainda que a avença tenha sido celebrada antes da vigência desses diplomas legais.

[120] As regras do CDC devem se harmonizar com as que regulamentam o funcionamento dos planos de saúde na medida em que estas é estão voltadas a preservar a viabilidade econômica, financeira, a higidez e a eficiência do processo de mutualismo que mantém

I – Plano Privado de Assistência à Saúde: prestação continuada de serviços ou cobertura de custos assistenciais a preço pré ou pós-estabelecido, por prazo indeterminado, com a finalidade de garantir, sem limite financeiro, a assistência à saúde, pela faculdade de acesso e atendimento por profissionais ou serviços de saúde, livremente escolhidos, integrantes ou não de rede credenciada, contratada ou referenciada, visando a assistência médica, hospitalar e odontológica, a ser paga integral ou parcialmente às expensas da operadora contratada, mediante reembolso ou pagamento direto ao prestador, por conta e ordem do consumidor;[121-122-123-124]

---

tais operações, e que, ao cabo e ao final, se destinam a garantir coletivamente os direitos dos seus associados, tal como se extrai razoavelmente da orientação do STJ: Repetitivo, Tema 952, REsp.1568244/RJ, Segunda Seção, Rel. Min. Ricardo Villas Bôas Cueva, 14.12.2016: 10. TESE para os fins do art. 1.040 do CPC/2015: O reajuste de mensalidade de plano de saúde individual ou familiar fundado na mudança de faixa etária do beneficiário é válido desde que (i) haja previsão contratual, (ii) sejam observadas as normas expedidas pelos órgãos governamentais reguladores e (iii) não sejam aplicados percentuais desarrazoados ou aleatórios que, concretamente e sem base atuarial idônea, onerem excessivamente o consumidor ou discriminem o idoso. 11. CASO CONCRETO: Não restou configurada nenhuma política de preços desmedidos ou tentativa de formação, pela operadora, de "cláusula de barreira" com o intuito de afastar a usuária quase idosa da relação contratual ou do plano de saúde por impossibilidade financeira. Longe disso, não ficou patente a onerosidade excessiva ou discriminatória, sendo, portanto, idôneos o percentual de reajuste e o aumento da mensalidade fundados na mudança de faixa etária da autora; STJ, REsp.1.632.752/PR, Terceira Turma, Rel. Min. Ricardo Villas Bôas Cueva, 22.08.2017: 5. As normas do CDC aplicam-se apenas subsidiariamente nos planos de saúde, conforme previsão do art. 35-G da Lei n. 9.656/1998. De qualquer maneira, em casos de incompatibilidade de normas, pelos critérios da especialidade e da cronologia, há evidente prevalência da lei especial nova (...) 12. Há situações em que existe dúvida jurídica razoável na interpretação de cláusula contratual, não podendo ser reputada ilegítima ou injusta, violadora de direitos imateriais, a conduta de operadora que optar pela restrição de cobertura sem ofender, em contrapartida, os deveres anexos do contrato, tal qual a boa-fé, o que afasta a pretensão de compensação de danos morais. 13. Não há falar em dano moral indenizável quando a operadora de saúde se pautar somente conforme as normas do setor. No caso, não havia consenso acerca da exegese a ser dada ao art. 10, incisos I e V, da Lei n. 9.656/1998. 14. Recurso especial parcialmente provido.

[121] A solução encontrada pelo STF no julgamento ainda em curso da Repercussão Geral no RExt 651703/Pr, Rel. Min. Luiz Fux, 29.09.2016, reiterou o conceito legal de que a Operadora de Plano de Saúde é mera repassadora de recursos de terceiros, no caso, o fundo acumulado a partir das mensalidades pagas pelo beneficiário: A base de cálculo do ISSQN incide tão somente sobre a comissão, vale dizer: a receita auferida sobre a

CAPÍTULO IX – BREVES ANOTAÇÕES À LEI N.9.656/98

diferença entre o valor recebido pelo contratante e o que é repassado para os terceiros prestadores de serviços, conforme assentado em sede jurisprudencial (...) *Ex positis*, em sede de Repercussão Geral a tese jurídica assentada é: As operadoras de planos privados de saúde e de seguro-saúde realizam prestação de serviço sujeita ao Imposto Sobre Serviços de Qualquer Natureza – ISSQN, previsto no art. 156, III, da CRFB/88.

[122] Neste sentido: TJ-PR, Conflito de Jurisdição 1138875-1, Rel. Des. Antônio Renato Strapasson, publicação 20/03/2014: APELAÇÃO CÍVEL – AÇÃO DECLARATÓRIA – ISS – PLANOS DE SAÚDE– BASE DE CÁLCULO – EXCLUSÃO DOS VALORES REPASSADOS A TERCEIROS – PRECEDENTES – RECURSO NÃO PROVIDO E SENTENÇA MANTIDA EM REEXAME. De acordo com o STJ: "No que se refere à base de cálculo, mostra-se ilegítima a incidência do ISS sobre o total das mensalidades pagas pelo titular do plano de saúde à empresa gestora, pois, em relação aos serviços prestados pelos profissionais credenciados, há a incidência do tributo, de modo que a nova incidência sobre o valor destinado a remunerar tais serviços caracteriza-se como dupla incidência de um mesmo tributo sobre uma mesma base imponível. Por tal razão, o valor repassado aos profissionais credenciados deve ser excluído da base de cálculo do tributo devido pela empresa gestora" (REsp 783.022/MG, Rel. Ministra Denise Arruda, Primeira Turma, DJe 16.03.2009). No mesmo sentido: REsp 1.237.312/SP, Rel. Ministro Herman Benjamin, Segunda Turma, DJe 24.10.2011; REsp 1.137.234/RS, Rel. Ministro Mauro Campbell Marques, Segunda Turma, DJe 13.09.2011; AgRg no Ag 1.288.850/ES, Rel. Ministro Hamilton Carvalhido, Primeira Turma, DJe 06.12.2010" (AgRg no AREsp 218.161/MG, Rel. Ministro BENEDITO GONÇALVES, PRIMEIRA TURMA, julgado em 15.08.2013, DJe 26.08.2013).

[123] No mesmo sentido: TST, Processo E-ED-RR 1485-76.2010.5.09.0012, Rel. Min. Caputo Bastos: 1. Não se reconhece a competência desta Justiça do Trabalho para processar e julgar a ação civil pública ajuizada pelo Sindicato dos Médicos no Estado do Paraná, em que se postula o reajuste dos honorários repassados pelas operadoras dos planos de saúde, ligadas à chamada autogestão, aos médicos credenciados (...). 3. O objeto das referidas operadoras é a comercialização de planos de saúde, atuando como agentes intermediadores entre os interesses dos prestadores de serviços (médicos credenciados) e os beneficiários. 4. As operadoras de planos de saúde cobram mensalidades dos usuários, obrigando-se, por meio de contrato, a repassar aos médicos credenciados os valores devidos pelos reais tomadores de serviço – os beneficiários. 5. Verifica-se que o serviço desempenhado pelos profissionais de saúde não se dá em prol das operadoras de planos de saúde, mas sim dos usuários, não havendo que falar, portanto, em relação de trabalho para fins de atrair a competência desta Justiça Especializada para processar e julgar o feito (...) Conforme salientado acima, é possível concluir que para a configuração da relação de trabalho faz-se necessário que haja a efetiva prestação de trabalho de uma parte em benefício da outra, o que não ocorre no caso em exame. Os médicos credenciados, ora substituídos, não prestam serviços diretamente às operadoras de planos de saúde, as quais estão apenas obrigadas, por contrato, a repassarem os valores devidos pelos beneficiários, reais tomadores de serviços.

II – Operadora de Plano de Assistência à Saúde: pessoa jurídica constituída sob a modalidade de sociedade civil ou comercial, cooperativa, ou entidade de autogestão, que opere produto, serviço ou contrato de que trata o inciso I deste artigo;[125-126]

III – Carteira: o conjunto de contratos de cobertura de custos assistenciais ou de serviços de assistência à saúde em qualquer das modalidades de que tratam o inciso I e o § 1º deste artigo, com todos os direitos e obrigações nele contidos;[127-128]

§ 1º Está subordinada às normas e à fiscalização da Agência Nacional de Saúde Suplementar – ANS qualquer modalidade de produto, serviço e contrato que apresente, além da garantia de cobertura financeira de riscos de assistência médica, hospitalar e odontológica, outras características que o diferencie de atividade exclusivamente financeira, tais como;[129-130]

a) custeio de despesas;[131]

b) oferecimento de rede credenciada ou referenciada;[132]

c) reembolso de despesas;[133]

d) mecanismos de regulação;[134]

---

[124] Incluído pela Medida Provisória n. 2.177-44, de 2001.

[125] Trata-se de atividade reservada pelo legislador apenas e tão somente para as pessoas jurídicas, na dicção dos §§4º e 5º.

[126] Incluído pela MP n. 2.177-44/2001.

[127] A individualização da carteira permite a sua transferência para a gestão de outra operadora, tornando mais eficiente o processo de fiscalização pela ANS, conforme dispõem o §1, deste artigo, e os arts. 20 e 22, e a garantia dos direitos dos consumidores em eventuais crises, na forma preconizada no art. 24.

[128] Incluído pela MP n. 2.177-44/2001.

[129] Redação dada pela Medida Provisória n. 2.177-44, de 2001.

[130] STJ: CC 43.620/SP, Rel. Ministra Nancy Andrighi, Segunda Seção, DJU 4.4.2005; CC 46.746/SP, Rel. Min. Castro Filho, Segunda Seção, DJ 20.4.2005: Compete à Justiça Estadual julgar a ação de obrigação de fazer relativa aos contratos de cobertura médico-hospitalar.

[131] Incluído pela Medida Provisória n. 2.177-44, de 2001.

[132] Incluído pela Medida Provisória n. 2.177-44, de 2001.

[133] Incluído pela Medida Provisória n. 2.177-44, de 2001.

[134] Incluído pela Medida Provisória n. 2.177-44, de 2001.

CAPÍTULO IX – BREVES ANOTAÇÕES À LEI N.9.656/98

e) qualquer restrição contratual, técnica ou operacional para a cobertura de procedimentos solicitados por prestador escolhido pelo consumidor;[135] e

f) vinculação de cobertura financeira à aplicação de conceitos ou critérios médico-assistenciais.[136]

§ 2º Incluem-se na abrangência desta Lei as cooperativas que operem os produtos de que tratam o inciso I e o § 1º deste artigo, bem assim as entidades ou empresas que mantêm sistemas de assistência à saúde, pela modalidade de autogestão ou de administração;[137-138-139]

§ 3º As pessoas físicas ou jurídicas residentes ou domiciliadas no exterior podem constituir ou participar do capital, ou do aumento do capital, de pessoas jurídicas de direito privado constituídas sob as leis brasileiras para operar planos privados de assistência à saúde;[140-141]

---

[135] Incluído pela Medida Provisória n. 2.177-44, de 2001.

[136] Incluído pela Medida Provisória n. 2.177-44, de 2001.

[137] Incluído pela Medida Provisória n. 2.177-44, de 2001.

[138] TJ/SP – Súmula n. 99 – Não havendo, na área do contrato de plano de saúde, atendimento especializado que o caso requer, e existindo urgência, há responsabilidade solidária no atendimento ao conveniado entre as cooperativas de trabalho médico da mesma operadora, ainda que situadas em bases geográficas distintas.

[139] Vale referir que a Medida Provisória n. 1.801-11/1999 ampliou a reedição, sem modificações significativas, da Medida Provisória n. 1.730-7/1998, nos seguintes termos: a) inclusão do artigo 1º, §2º da expressão "ou de administração".
A MP 1.801/1999 foi reeditada com registros até a 1.908-21/1999, alterando os preceitos impugnados na ADI n. 1931/DF.
A MP 1.976/2000 foi sendo reeditada até atingir o registro da MP 1.976-34/2000, alterando os preceitos impugnados na ADI n. 1931/DF.
A MP 2.097/2000 foi sendo reeditada até atingir o registro da MP 2.097-41/2000, alterando preceitos impugnados na ADI n. 1931/DF.
A MP 2.177/2001 foi sendo reeditada até atingir o registro da MP 2.177-42/2001, alterando preceitos impugnados na ADI n. 1931/DF.

[140] Trata-se, portanto, de uma atividade que não possui limite à participação do capital estrangeiro.

[141] Trata-se, portanto, de uma atividade que não possui limite à participação do capital estrangeiro.

§ 4º É vedada às pessoas físicas a operação dos produtos de que tratam o inciso I e o § 1º deste artigo;[142]

§ 5º É vedada às pessoas físicas a operação de plano ou seguro privado de assistência à saúde.[143]

Art. 7º A Câmara de Saúde Suplementar é composta dos seguintes membros;[144]

Art. 8º Para obter a autorização de funcionamento, as operadoras de planos privados de assistência à saúde devem satisfazer os seguintes requisitos, independentemente de outros que venham a ser determinados pela ANS;[145-146-147]

---

[142] Trata-se, portanto, de uma atividade que não possui limite à participação do capital estrangeiro.

[143] O tema dos arts. 2º, 3º, 4º, 5º, incisos II, III, IV, V, VI e VII, da Lei n. 9.656/1998, e 6º, com as modificações da Medida Provisória n. 1.730-7/1998, e da Medida Provisória n. 2.177-44/2001, são objeto da ADI n. 1.931/DF, ainda em curso no STF, Rel. Min. Marco Aurélio, conforme anotado no relatório: Articula com o enquadramento o enquadramento das empresas de planos de saúde na categoria de seguradoras, pois cabe a elas a cobertura dos custos de assistência médico-hospitalar, tal como ocorre com as operadoras de seguros privados de saúde. Sustenta a inconstitucionalidade formal dos diplomas impugnados. Consoante argumenta, a disciplina do funcionamento de estabelecimentos de seguros e do respectivo órgão oficial de fiscalização exige lei complementar, nos termos do artigo 192, inciso II, do Texto Maior, a revelar a impropriedade da lei ordinária e da medida provisória em jogo. Caso não se reconheça a inconstitucionalidade, por vício formal, da íntegra das duas normas, pleiteia seja assim declarada, ao menos, no que diz respeito aos dispositivos abaixo transcritos, relacionados com a autorização e o funcionamento dessas entidades, bem assim do órgão fiscalizador. O Relator também anotou que em suas informações o Congresso Nacional asseverou: a insubsistência do vício formal alegado na peça primeira. Segundo argumenta, a exigência de lei complementar aludida pela autora circunscreve-se às operadoras de seguro do sistema financeiro nacional, não alcançando os planos de saúde. Diz que o artigo 197 da Constituição Federal expressamente remete a regulamentação do setor à lei ordinária.

[144] Incluído pela Medida Provisória n. 2.177-44, de 2001.

[145] Redação dada pela Medida Provisória n. 2.177-44, de 2001.

[146] ANSS, RN n. 315, 28.11.2012: Altera as Resoluções Normativas – RN n. 85, de 7 de dezembro de 2004, que dispõe sobre a concessão de Autorização de Funcionamento das operadoras de planos de assistência à saúde, e dá outras providências, RN n. 137, de 14 de novembro de 2006, que dispõe sobre as entidades de autogestão no âmbito do sistema de saúde suplementar, e Resolução de Diretoria Colegiada – RDC n. 39, de 27 de outubro de 2000, que dispõe sobre a definição, a segmentação e a classificação das Operadoras de Planos de Assistência à Saúde.

[147] O autor da ADI n. 1.931/DF, ainda em curso no STF, Rel. Min. Marco Aurélio, conforme anotado no relatório, em 27 de setembro de 1999, editou mais uma vez a

CAPÍTULO IX – BREVES ANOTAÇÕES À LEI N.9.656/98

I – registro nos Conselhos Regionais de Medicina e Odontologia, conforme o caso, em cumprimento ao disposto no art. 1º da Lei n. 6.839, de 30 de outubro de 1980;[148]

II – descrição pormenorizada dos serviços de saúde próprios oferecidos e daqueles a serem prestados por terceiros;[149]

III – descrição de suas instalações e equipamentos destinados a prestação de serviços;

---

inicial em razão da edição da MP 1.908-18/1999, esclarecendo estar prejudicado o pedido de declaração de inconstitucionalidade formal dos diplomas impugnados em face do artigo 192 da Carta Federal. Aduziu ter o novo ato normativo alterado substancialmente a sistemática de autorização, funcionamento e fiscalização das empresas de planos de saúde.

[148] TRF2, Apelação Cível 372403/RJ (2005.51.01.009760-7), Sexta Turma Especializada, Rel. Des. Fernando Marques: SAÚDE. REGISTRO NO CRM. OBRIGATORIEDADE. ATIVIDADE PELA QUAL PRESTA SERVIÇO A TERCEIROS. LEIS N. 9.961/2000 E 9.656/98. – Não se caracteriza qualquer violação ao princípio constitucional da legalidade ou reserva legal. As empresas operadoras encontram-se vinculadas e sujeitas a controle, fiscalização e regulamentação por parte da ANS, sendo diretamente afetadas pelos atos normativos por aquela expedidos, pelo fenômeno da relação especial de sujeição. Essa vinculação à ANS, contudo, não obsta sua submissão às demais normas, principalmente aos comandos da Lei n. 9.656/98. – A obrigatoriedade do registro exsurge na medida em que deve ser considerada a atividade pela qual a empresa autora, ora apelante, presta seus serviços a terceiros, que é a atividade médica, e não sua atividade básica. – A Resolução Normativa n. 85 da ANS está em conformidade com o disposto no art. 8º da Lei n. 9.656/98, que estipulou, como exigência para obtenção da autorização de funcionamento, o registro no Conselho Regional de Medicina. Assim sendo, tal registro é condição não só para o funcionamento das empresas que pretendam atuar com planos de saúde, como para sua própria constituição. – Recurso improvido.

[149] TJ/PR, Bem. Decl. Ap. Cível 0569012-4/4, Rel. Des. Coimbra de Moura, 16.08.2017: *EMBARGOS DE DECLARAÇÃO CONTRA DECISÃO DA CÂMARA NO JULGAMENTO DE APELAÇÃO – DETERMINAÇÃO DE ANÁLISE PELO SUPERIOR TRIBUNAL DE JUSTIÇA, POR OCASIÃO DE JULGAMENTO DE AGRAVO EM RECURSO ESPECIAL – CONTRADIÇÃO – OCORRÊNCIA – RESPONSABILIDADE CIVIL – ERRO MÉDICO – IMPROCEDÊNCIA DA AÇÃO COM RELAÇÃO AO MÉDICO, QUE IMPLICA NA IMPROCEDÊNCIA DA AÇÃO COM RELAÇÃO AO PLANO DE SAÚDE, ANTE A RESPONSABILIDADE SOLIDÁRIA ENTRE AMBOS – EMBARGOS DE DECLARAÇÃO ACOLHIDOS, SUPRIMINDO-SE A CONTRADIÇÃO.*

IV – especificação dos recursos humanos qualificados e habilitados, com responsabilidade técnica de acordo com as leis que regem a matéria;

V – demonstração da capacidade de atendimento em razão dos serviços a serem prestados;

VI – demonstração da viabilidade econômico-financeira dos planos privados de assistência à saúde oferecidos, respeitadas as peculiaridades operacionais de cada uma das respectivas operadoras;

VII – especificação da área geográfica coberta pelo plano privado de assistência à saúde.[150-151-152]

---

[150] Artigo 1º, §1º, I, da RN n. 259, da ANS: Área Geográfica de Abrangência: Área em que a operadora fica obrigada a garantir todas as coberturas de assistência à saúde contratadas pelo beneficiário, podendo ser nacional, estadual, grupo de estados, municipal ou grupo de municípios.

[151] O tema do art. 8º, é objeto da ADI n. 1.931/DF, ainda em curso no STF, Rel. Min. Marco Aurélio, conforme anotado no relatório: Articula com o enquadramento o enquadramento das empresas de planos de saúde na categoria de seguradoras, pois cabe a elas a cobertura dos custos de assistência médico-hospitalar, tal como ocorre com as operadoras de seguros privados de saúde. Sustenta a inconstitucionalidade formal dos diplomas impugnados. Consoante argumenta, a disciplina do funcionamento de estabelecimentos de seguros e do respectivo órgão oficial de fiscalização exige lei complementar, nos termos do artigo 192, inciso II, do Texto Maior, a revelar a impropriedade da lei ordinária e da medida provisória em jogo. Caso não se reconheça a inconstitucionalidade, por vício formal, da íntegra das duas normas, pleiteia seja assim declarada, ao menos, no que diz respeito aos dispositivos abaixo transcritos, relacionados com a autorização e o funcionamento dessas entidades, bem assim do órgão fiscalizador.

[152] É garantido o atendimento fora da área de cobertura do plano para os casos de urgência ou emergência? Não. O atendimento de urgência ou de emergência não é obrigatório fora da área de abrangência geográfica prevista no contrato do plano de saúde, salvo quando haja algum dispositivo contratual que garanta este direito; O que é área de abrangência geográfica? É a área em que a operadora de plano de saúde se compromete a garantir todas as coberturas de assistência à saúde contratadas pelo beneficiário (www.ans.gov.br, A ANS – Qual é o tema da sua dúvida?).

A orientação da ANS contrasta com o que já decidiu o TJMG, na apelação cível n. 1.0223.10.022624-8/002, Rel. Des. Wanderley Paiva, julg. 29.01.2014: Sendo a requerida pessoa jurídica de direito privado, que oferece a prestação de serviços de plano de saúde, mediante remuneração, nos termos do art. 2º, §2º do CDC, caracteriza-se como fornecedora de serviços, pelo que não há óbice a que seja submetida à aplicação do CDC pelo simples fato de não possuir fins lucrativos. O dispositivo de plano de saúde que exclui a cobertura de determinados procedimentos é dissonante da boa-fé

CAPÍTULO IX – BREVES ANOTAÇÕES À LEI N.9.656/98

§ 1º São dispensadas do cumprimento das condições estabelecidas nos incisos VI e VII deste artigo as entidades ou empresas que mantêm sistemas de assistência privada à saúde na modalidade de autogestão, citadas no § 2º do art. 1º.[153]

§ 2º A autorização de funcionamento será cancelada caso a operadora não comercialize os produtos de que tratam o inciso I e o § 1º do art. 1º desta Lei, no prazo máximo de cento e oitenta dias a contar do seu registro na ANS.[154]

§ 3º As operadoras privadas de assistência à saúde poderão voluntariamente requerer autorização para encerramento de suas atividades, observando os seguintes requisitos, independentemente de outros que venham a ser determinados pela ANS:[155]

a) comprovação da transferência da carteira sem prejuízo para o consumidor, ou a inexistência de beneficiários sob sua responsabilidade;[156]

b) garantia da continuidade da prestação de serviços dos beneficiários internados ou em tratamento;[157]

c) comprovação da quitação de suas obrigações com os prestadores de serviço no âmbito da operação de planos privados de assistência à saúde;

d) informação prévia à ANS, aos beneficiários e aos prestadores de serviço contratados, credenciados ou referenciados, na forma e nos prazos a serem definidos pela ANS.[158-159]

---

que deve pautar os contratos de consumo. A princípio, inexiste abusividade na celebração de contrato de plano de saúde em âmbito regional, ou seja, com a restrição da área de cobertura. Contudo, havendo comprovação de que o usuário do plano de saúde necessite de tratamento de urgência e emergência e, diante da prova de impossibilidade de utilização da rede credenciada da empresa de plano de saúde, de indisponibilidade do tratamento ou procedimento nos hospitais credenciados, patente é o dever do plano de saúde em arcar com a cobertura pretendida. – Os embargos declaratórios opostos com a finalidade de prequestionar e de sanar omissões, obscuridades e contradições, não enseja a condenação em multa.

[153] Redação dada pela Medida Provisória n. 2.177-44, de 2001.
[154] Incluído pela Medida Provisória n. 2.177-44, de 2001.
[155] Incluído pela Medida Provisória n. 2.177-44, de 2001.
[156] Incluído pela Medida Provisória n. 2.177-44, de 2001.
[157] Incluído pela Medida Provisória n. 2.177-44, de 2001.
[158] Incluído pela Medida Provisória n. 2.177-44, de 2001.
[159] TJ/PR – AI 1605315-9, 7ª CC. Tel. Des. Domingos Ribeiro da Fonseca, 29.06.2017,

Art. 9º Após decorridos cento e vinte dias de vigência desta Lei, para as operadoras, e duzentos e quarenta dias, para as administradoras de planos de assistência à saúde, e até que sejam definidas pela ANS, as normas gerais de registro, as pessoas jurídicas que operam os produtos de que tratam o inciso I e o § 1º do art. 1º desta Lei, e observado o que dispõe o art. 19, só poderão comercializar estes produtos se:[160-161-162]

I – as operadoras e administradoras estiverem provisoriamente cadastradas na ANS;[163] e

---

unânime: CESSÃO DE CONTRATO DE PLANO DE SAÚDE ENTRE OPERADORAS. DECISÃO QUE DETERMINA INCLUSÃO DA OPERADORA ADQUIRENTE EM RAZÃO DE NEGÓCIO REALIZADO. PEDIDO DE REFORMA POR SE TRATAR DE "ALIENAÇÃO VOLUNTÁRIA DE CARTEIRA". AUSÊNCIA DE DOCUMENTO QUE COMPROVE O TIPO DE NEGÓCIO FIRMADO PELAS PARTES. DECISÃO MANTIDA (...) A ausência de documento que comprove o negócio entabulado entre as operadoras de contratos de seguro e assistência à saúde impede juízo de mérito sobre a legitimidade passiva da adquirente. 3. Recurso conhecido e não provido.

[160] Redação dada pela Medida Provisória n. 2.177-44, de 2001

[161] O tema dos art. 9º, cabeça e parágrafos 1º e 2º, com as modificações da Medida Provisória n. 1.730-7/1998, e da Medida Provisória n. 2.177-44/2001, é objeto da ADI n. 1.931/DF, ainda em curso no STF, Rel. Min. Marco Aurélio, conforme anotado no relatório: Articula com o enquadramento o enquadramento das empresas de planos de saúde na categoria de seguradoras, pois cabe a elas a cobertura dos custos de assistência médico-hospitalar, tal como ocorre com as operadoras de seguros privados de saúde. Sustenta a inconstitucionalidade formal dos diplomas impugnados. Consoante argumenta, a disciplina do funcionamento de estabelecimentos de seguros e do respectivo órgão oficial de fiscalização exige lei complementar, nos termos do artigo 192, inciso II, do Texto Maior, a revelar a impropriedade da lei ordinária e da medida provisória em jogo. Caso não se reconheça a inconstitucionalidade, por vício formal, da íntegra das duas normas, pleiteia seja assim declarada, ao menos, no que diz respeito aos dispositivos abaixo transcritos, relacionados com a autorização e o funcionamento dessas entidades, bem assim do órgão fiscalizador.

[162] Vale referir que a Medida Provisória n. 1.801-11/1999 ampliou a reedição, sem modificações significativas, da Medida Provisória n. 1.730-7/1998, no seguintes termos: (...) b) inclusão, no *caput* do artigo 9º, das expressões "para as operadoras de planos de saúde e seguros de assistência à saúde e duzentos e quarenta dias para as administradoras de assistência à saúde" e "registradas"; A MP 1.801-12/1999 foi reeditada com registros 1.801-13/1999, 1.801-14/1999, 1.801-14/1999, 1.801-15/1999 e 1.801-16/1999.

[163] Incluído pela Medida Provisória n. 2.177-44, de 2001.

CAPÍTULO IX – BREVES ANOTAÇÕES À LEI N.9.656/98

II – os produtos a serem comercializados estiverem registrados na ANS.[164]

§ 1º O descumprimento das formalidades previstas neste artigo, além de configurar infração, constitui agravante na aplicação de penalidades por infração das demais normas previstas nesta Lei.[165]

§ 2º A ANS poderá solicitar informações, determinar alterações e promover a suspensão do todo ou de parte das condições dos planos apresentados.[166]

§ 3º A autorização de comercialização será cancelada caso a operadora não comercialize os planos ou os produtos de que tratam o inciso I e o § 1º do art. 1º desta Lei, no prazo máximo de cento e oitenta dias a contar do seu registro na ANS.[167]

§ 4º A ANS poderá determinar a suspensão temporária da comercialização de plano ou produto caso identifique qualquer irregularidade contratual, econômico-financeira ou assistencial.[168-169-170]

---

[164] Incluído pela Medida Provisória n. 2.177-44, de 2001.
[165] Incluído pela Medida Provisória n. 2.177-44, de 2001.
[166] Incluído pela Medida Provisória n. 2.177-44, de 2001.
[167] Incluído pela Medida Provisória n. 2.177-44, de 2001.
[168] Incluído pela Medida Provisória n. 2.177-44, de 2001.
[169] STJ, AgRg AREsp 587405/ES, Segunda Turma, Rel. Min. Humberto Martins: 3. Cuida-se de mandado de segurança impetrado na origem contra ato do PROCON Municipal que determinou a *suspensão* da *comercialização* de produto por suposto vício de informação. O Tribunal a quo concedeu a segurança por entender que, muito embora exista o dever de informação, a medida era desproporcional, seja em razão da boa-fé da empresa, seja porque violadora do princípio do livre comércio, insculpido no art. 170 da Constituição Federal. 4. Desta forma, a revisão dos fundamentos adotados pelo acórdão recorrido para concluir pela inexistência do direito líquido e certo alegado em mandado de segurança mostra-se inviável de se realizar na presente via do recurso especial, em face da incidência da Súmula 7/STJ. 5. Também não merece trânsito o recurso especial quando o acórdão do Tribunal de origem, assentando-se em fundamentação constitucional, não é impugnado por meio de recurso extraordinário, nos termos do entendimento sedimentado na Súmula 126/STJ. Agravo regimental improvido.
[170] TRF2, AI n. 201202010135570, Quinta Turma Especializada, Rel. Des. Aluísio Gonçalves de Castro Mendes, publ. 25.10.2010: 2. A Agência Nacional de Saúde Suplr – ANS, órgão devidamente aparelhado para o exercício de seu poder de polícia, possui atribuição para atestar a regularidade das atividades desenvolvidas pelas operadoras de planos de saúde, sendo-lhe autorizado por lei, inclusive, a *suspensão* temporária da *comercialização* de plano ou produto caso, identifique qualquer irregularidade contratual,

Art. 10. É instituído o plano-referência de assistência à saúde, com cobertura assistencial médico-ambulatorial e hospitalar, compreendendo partos e tratamentos, realizados exclusivamente no Brasil, com padrão de enfermaria, centro de terapia intensiva, ou similar, quando necessária a internação hospitalar, das doenças listadas na Classificação Estatística Internacional de Doenças e Problemas Relacionados com a Saúde, da Organização Mundial de Saúde, respeitadas as exigências mínimas estabelecidas no art. 12 desta Lei, exceto;[171-172-173-174-175]

---

econômico-financeira ou assistencial, como se dessume da interpretação sistemática do art. 9º, § 4º com o art. 19, §5º, ambos da Lei n. 9.656 /98. 3. O que pretende a agravante, na verdade, é discutir o conteúdo da expressão *comercialização* de plano ou produto – (§ 4º do art. 9º da Lei n. 9.656 /98), porquanto a Nota n. 017/2012/ASSNT/DIPRO/ANS, resultado da consulta formulada acerca da possibilidade de ingresso de novos beneficiários em produtos com *comercialização* suspensa por descumprimento dos prazos máximos de atendimento, de acordo com o art. 12-A, inciso I da RB 259/2011, concluiu que a proibição de contratar implica na impossibilidade de ingresso de novos beneficiários. 4. Verificam-se plausíveis tanto a motivação do ato administrativo, quanto seu embasamento nos dispositivos legais retromencionados, não tendo a agravante desconstituído, prima facie, a presunção de legitimidade e veracidade do ato administrativo, não se vislumbrando o fundamento relevante a autorizar o deferimento de medida liminar no writ em curso. 5. A verificação de prova ainda não apreciada pelo MM. Juízo a quo implicaria.

[171] Instituiu o chamado plano-referência, que consiste num rol mínimo de coberturas que o contrato deve veicular para o cidadão que adere ao plano de saúde, de modo que nenhum contrato ou *"produto"*, na dicção da Lei, pode ser contratado sem que estejam contempladas as coberturas do plano-referência.

[172] Resolução Normativa n. 387, de 28.10.2015: Atualiza o Rol de Procedimentos e Eventos em Saúde, que constitui a referência básica para cobertura assistencial mínima nos planos privados de assistência à saúde, contratados a partir de 1º de janeiro de 1999; fixa as diretrizes de atenção à saúde; revoga as Resoluções Normativas – RN n. 338, de 21 de outubro de 2013, RN n. 349, de 9 de maio de 2014; e dá outras providências.

[173] As MPs 2.097/2001, 2.177-43/2001, 2.097-41/2001 3 2.177-44/2001 alteraram o art. 10, cabeça, que passou de "É instituído o plano-referência de assistência à saúde, com cobertura assistencial médico-hospitalar (...)", para "É instituído o plano-referência de assistência à saúde, com cobertura assistencial médico-ambulatorial e hospitalar", e inseriu o inciso X, com a seguinte redação: "X – casos de cataclismas, dentre estes, desastres com gases e produtos radioativos e ionizantes, guerras e comoções internas, quando declaradas pela autoridade competente", e alterando também o par. 3, para substituir a expressão "as pessoas jurídicas" para "as entidades ou empresas".

[174] O tema do art. 10, cabeça e §2º, é objeto da ADI n. 1.931/DF, ainda em curso no STF, Rel. Min. Marco Aurélio, conforme anotado no relatório: Assevera a

CAPÍTULO IX – BREVES ANOTAÇÕES À LEI N.9.656/98

I – tratamento clínico ou cirúrgico experimental;[176-177-178-179-180-181-182-183]

---

incompatibilidade material de preceitos dos atos questionados, em razão da inobservância do princípio do devido processo legal substantivo, considerados os requisitos da razoabilidade e da proporcionalidade. Conforme assinala o artigo 10, cabeça, da Lei n. 9.656/1998, com as modificações promovidas pelo artigo 1º da Medida Provisória n. 1.730-7/1998, e, por consequência, os respectivos incisos, bem assim os parágrafos 1º, 2º, 3º e 4º, subvertem, de forma desproporcional, o dever estatal de prover a saúde, presente a abrangência à cobertura dos planos (...) afrontam o ato jurídico perfeito, a coisa julgada e o direito adquirido, pois fazem incluir, em relações jurídicas em curso ou já consolidadas no início da vigência dos atos, as regras por estes instituídas. Sob o ângulo do risco, reporta-se à imediata aplicação dos preceitos, inclusive de forma retroativa, aos contratos em curso, com graves repercussões financeiras sobre as operadoras dos planos e os próprios beneficiários. Consoante afirma, os diplomas inviabilizam a própria continuidade do sistema de assistência privada à saúde. Alude à iminente judicialização em massa de questões afetas às inovações introduzidas pelas normas atacadas. O Relator também anota que o Congresso Nacional sustenta que: os diplomas questionados não violam o devido processo legal substantivo, porquanto são consentâneos com a dinâmica de funcionamento dos planos de saúde. Pondera que, embora a cobertura tenha sido ampliada, os beneficiários não fruirão necessariamente de todos os serviços disponibilizados. Argui que a vedação da contraprestação pecuniária de consumidores com idade superior a sessenta anos é compatível com a menor probabilidade de beneficiários mais jovens utilizarem o atendimento ofertado e por eles mensalmente remunerado.

[175] O autor da ADI n. 1.931/DF, ainda em curso no STF, Rel. Min. Marco Aurélio, conforme anotado no relatório, em 27 de setembro de 1999, editou mais uma vez a inicial em razão da edição da MP 1.908-1/1999, que resultou na supressão da palavra "odontológica" da cabeça do artigo 10.

[176] TJ/SP – Súmula n. 95: "Havendo expressa indicação médica, não prevalece a negativa de cobertura do custeio ou fornecimento de medicamentos associados a tratamento quimioterápico".

[177] TJ/SP – Súmula n. 102: "Havendo expressa indicação médica, é abusiva a negativa de cobertura de custeio de tratamento sob o argumento da sua natureza experimental ou por não estar previsto no rol de procedimentos da ANS".

[178] Incluído pela Medida Provisória n. 2.177-44, de 2001

[179] CNJ, Enunciado 26: "é lícita a exclusão de cobertura de produto, tecnologia e medicamento importado não nacionalizado, bem como tratamento clínico ou cirúrgico experimental".

[180] CNJ, Recomendação 31: orienta os juízes a evitar "autorizar o fornecimento de medicamentos ainda não registrados pela Anvisa, ou em fase experimental, ressalvadas as exceções expressamente previstas em lei".

[181] STJ, REsp 1.297.241/SP, Quarta Turma, Rel. Min. Raul Araújo, julg. 16.09.2016: A seguradora ou operador de plano de saúde deve custear tratamento experimental existente no País, em instituição de reputação científica reconhecida, de doença listada

II – procedimentos clínicos ou cirúrgicos para fins estéticos, bem como órteses e próteses para o mesmo fim;

III – inseminação artificial;[184]

---

na CID-OMS, desde que haja indicação médica para tanto, e os médicos que acompanhem o quadro clínico do paciente atestem a ineficácia ou a insuficiência dos tratamentos indicados convencionalmente para a cura ou controle da doença.

[182] STJ, REsp n. 1.320.805/SP, Quarta Turma, Rel. Min. Maria Isabel Gallotti, julgado em 05.12.2013: Tratamento experimental é aquele em que não há comprovação médica-científica de sua eficácia, e não o procedimento que, a despeito de efetivado com a utilização de equipamentos modernos, é reconhecido pela ciência e escolhido pelo médico como o método mais adequado à preservação da integridade física e ao completo restabelecimento do paciente. 3. Delineado pelas instâncias de origem que o contrato celebrado entre as partes previa a cobertura para a doença que acometia o autor, é abusiva a negativa da operadora do *plano* de saúde de utilização da técnica mais moderna disponível no hospital credenciado pelo convênio e indicada pelo médico que assiste o paciente. Precedentes. 4. Recurso especial provido.

[183] STJ, REsp.1.632.752/PR, Terceira Turma, Rel. Min. Ricardo Villas Bôas Cueva, 22.08.2017: 1. Ação que visa à cobertura de tratamento quimioterápico com medicamento (Avastin) não registrado, à época na ANVISA, bem como o reembolso das despesas com a importação do fármaco e a compensação por danos morais. 2. Estão excluídos das exigências mínimas de cobertura assistencial a ser oferecida pelas operadoras de plano de saúde os procedimentos clínicos experimentais e o fornecimento de medicamentos importados não nacionalizados (art. 10, I e V, da Lei n. 9.656/1998). Incidência da Recomendação n. 31/2010 do CNJ e dos Enunciados ns. 6 e 26 da I Jornada de Direito da Saúde. 3. Nos termos de normativos da ANS, medicamento importado não nacionalizado é aquele produzido fora do território nacional e sem registro vigente na ANVISA. Por seu turno, o tratamento que emprega fármaco não registrado/não regularizado no país pode ser considerado de índole experimental. 4. A exclusão de assistência farmacêutica para o medicamento importado sem registro na ANVISA também encontra fundamento nas normas de controle sanitário. De fato, a importação de medicamentos e outras drogas, para fins industriais ou comerciais, sem a prévia e expressa manifestação favorável do Ministério da Saúde, constitui infração de natureza sanitária (arts. 10, 12 e 66 da Lei n. 6.360/1976 e 10, IV, da Lei n. 6.437/1977), não podendo a operadora de plano de saúde ser obrigada a custeá-los em afronta à lei. Precedentes.

[184] STJ, AREsp. 1110938, Quarta Turma, Rel. Min. Antonio Carlos Ferreira, 01.08.2017: No caso concreto, e a inviabilizar a procedência da ação, há de se considerar que se trata de cláusula que não gera qualquer dúvida. A cláusula 6ª do contrato que veio aos autos (fl. 29), que dispõe expressamente sobre a exclusão da cobertura de "inseminação artificial, em suas diversas modalidades", é, evidentemente, lícita, e como já previamente conhecida, não feriu o princípio da boa-fé contratual. Importante destacar que tal cláusula de exclusão está, ainda, de acordo com os ditames da Lei n. 9.656/98,

CAPÍTULO IX – BREVES ANOTAÇÕES À LEI N.9.656/98

IV – tratamento de rejuvenescimento ou de emagrecimento com finalidade estética;

V – fornecimento de medicamentos importados não nacionalizados;[185-186]

VI – fornecimento de medicamentos para tratamento domiciliar, ressalvado o disposto nas alíneas 'c' do inciso I e 'g' do inciso II do art. 12;[187-188]

---

que em seu artigo 10, inciso III, permitiu a exclusão dos procedimentos de reprodução assistida da cobertura dos planos de saúde. Na realidade, o autor pediu na inicial a cobertura de procedimento a que não faz jus, nos termos do contrato. Nem se pode entender, como regra, presente a vulnerabilidade do consumidor. Ainda que isso seja possível, deve ser analisada concretamente. Eventual presunção legal é circunstância bem diversa, e se refere à prova e não ao direito.

[185] STJ, AgInt no AREsp. 988070, Quarta Turma, Rel. Min. Luis Felipe Salomão, 16.03.2017: 2. A prestadora de serviços de plano de saúde está obrigada ao fornecimento de tratamento de saúde a que se comprometeu por contrato, pelo que deve fornecer os medicamentos necessários à recuperação da saúde do contratado. Contudo, essa obrigação não se impõe na hipótese em que o medicamento recomendado seja de importação e comercialização vetada pelos órgãos governamentais. 3. Não obstante a possibilidade de pessoas físicas obterem autorização da Anvisa em caráter excepcional para importação de medicamento não registrado, desde que não seja expressamente proibido ou proscrito, não é possível impor ao plano de saúde o fornecimento desse tipo de fármaco, sob pena de prática de ato tipificado como infração de natureza sanitária, conforme art. 66 da Lei n. 6.360/1976. Precedentes desta Corte.

[186] STJ, REsp.1.632.752/PR, Terceira Turma, Rel. Min. Ricardo Villas Bôas Cueva, 22.08.2017: 1. Ação que visa à cobertura de tratamento quimioterápico com medicamento (Avastin) não registrado, à época na ANVISA, bem como o reembolso das despesas com a importação do fármaco e a compensação por danos morais. 2. Estão excluídos das exigências mínimas de cobertura assistencial a ser oferecida pelas operadoras de plano de saúde os procedimentos clínicos experimentais e o fornecimento de medicamentos importados não nacionalizados (art. 10, I e V, da Lei n. 9.656/1998). Incidência da Recomendação n. 31/2010 do CNJ e dos Enunciados ns. 6 e 26 da I Jornada de Direito da Saúde. 3. Nos termos de normativos da ANS, medicamento importado não nacionalizado é aquele produzido fora do território nacional e sem registro vigente na ANVISA. Por seu turno, o tratamento que emprega fármaco não registrado/não regularizado no país pode ser considerado de índole experimental. 4. A exclusão de assistência farmacêutica para o medicamento importado sem registro na ANVISA também encontra fundamento nas normas de controle sanitário. De fato, a importação de medicamentos e outras drogas, para fins industriais ou comerciais, sem a prévia e expressa manifestação favorável do Ministério da Saúde, constitui infração de natureza sanitária (arts. 10, 12 e 66 da Lei n. 6.360/1976 e 10, IV, da Lei n. 6.437/1977), não podendo a operadora de plano de saúde ser obrigada a custeá-los em afronta à lei. Precedentes.

[187] Redação dada pela Lei n. 12.880, de 2013.

[188] STJ, AgRg no REsp. 1541966/RS, Terceira Turma, Rel. Min. Paulo de Tarso Sanseverino, 24.11.2015: 1. Nos termos da jurisprudência pacífica desta Corte Superior, é inadmissível a recusa de cobertura de tratamento domiciliar pelo plano de saúde, aqui

VII – fornecimento de próteses, órteses e seus acessórios não ligados ao ato cirúrgico;[189-190]

VIII[191] –

IX – tratamentos ilícitos ou antiéticos, assim definidos sob o aspecto médico, ou não reconhecidos pelas autoridades competentes;[192]

X – casos de cataclismos, guerras e comoções internas, quando declarados pela autoridade competente.

§ 1º As exceções constantes dos incisos deste artigo serão objeto de regulamentação pela ANS.[193-194-195]

---

compreendendo-se o fornecimento, em âmbito domiciliar, de fármaco voltado a estender a sobrevida de paciente com câncer em fase metástica. Atração do enunciado 126/STJ a corroborar a negativa de seguimento do recurso da operadora de saúde. 2. Verificada ofensa clara a direitos da personalidade, deve ser reconhecida a existência de dano moral, que dispensa prova, por sua natureza de dano "in re ipsa". 3. Desnecessária a realização de laudo psicológico a atestar o real e profundo arrebatamento de pessoa que, tangenciando o falecimento, vê negada a administração domiciliar de medicamento voltado à inibição da evolução da doença.

[189] Redação dada pela Medida Provisória n. 2.177-44, de 2001.

[190] STJ, REsp.1421512/MG, Terceira Turma, Rel. Min.Nancy Andrighi, 11.02.2014: É nula a cláusula contratual que exclua da cobertura órteses, próteses e materiais diretamente ligados ao procedimento cirúrgico a que se submete o consumidor.

[191] Revogado pela Medida Provisória n. 2.177, de 2001.

[192] STJ, AREsp.1077369/RS, Quarta Turma, Rel. Min. Maria Isabel Gallotti, 17.08.2017: No caso dos autos, as instâncias ordinárias entenderam ser dispensável a prova testemunhal, requerida sob a alegação de que o médico que assiste o recorrido está envolvido em ilícitos relacionados a próteses, ao fundamento de que "a existência de indícios que apontam para a ocorrência de fraude realizada pelo médico assistente por si só não afasta a pretensão deduzida, pois no caso dos autos não há qualquer evidência de que o procedimento cirúrgico realizado pelo autor não era efetivamente necessário, fato que somente poderia ser esclarecido com a realização de perícia, prova esta, contudo, que não foi postulada pela parte demandada no momento oportuno".

[193] A ANSS editou a Diretriz de Utilização (DUT), prevista nas Resoluções Normativas 167 e 211, que estabelece como procedimento prévio para a cirurgia bariátrica um minucioso preparo pré-operatório (que envolve tratamento médico conservador – clínico –, psicológico e também nutricional) e somente se este se mostrar infrutífero haverá o encaminhamento para a cirurgia.

[194] TJ/PR, Apelação Cível 1.121.541-9, Nona Câmara Cível, Rel. Des. José Aniceto, j. 10.04.2014): "Percebe-se, pois, que a autora/apelante era portadora de obesidade mórbida, mas o procedimento cirúrgico não lhe era urgente, não sendo afastada a obrigatoriedade de se esperar o prazo de carência".

[195] Redação dada pela Medida Provisória n. 2.177-44, de 2001.

CAPÍTULO IX – BREVES ANOTAÇÕES À LEI N.9.656/98

§ 2º As pessoas jurídicas que comercializam produtos de que tratam o inciso I e o § 1º do art. 1º desta Lei oferecerão, obrigatoriamente, a partir de 3 de dezembro de 1999, o plano-referência de que trata este artigo a todos os seus atuais e futuros consumidores.[196-197-198]

§ 3º Excluem-se da obrigatoriedade a que se refere o § 2º deste artigo as pessoas jurídicas que mantêm sistemas de assistência à saúde pela modalidade de autogestão e as pessoas jurídicas que operem exclusivamente planos odontológicos.[199]

§ 4º A amplitude das coberturas, inclusive de transplantes e de procedimentos de alta complexidade, será definida por normas editadas pela ANS.[200]

Art. 10-A. Cabe às operadoras definidas nos incisos I e II do § 1º do art. 1º desta Lei, por meio de sua rede de unidades conveniadas, prestar serviço de cirurgia plástica reconstrutiva de mama, utilizando-se de todos os meios e técnicas necessárias, para o tratamento de mutilação decorrente de utilização de técnica de tratamento de câncer.[201-202]

Art. 10-B. Cabe às operadoras dos produtos de que tratam o inciso I e o § 1º do art. 1º, por meio de rede própria, credenciada, contratada ou

---

[196] Redação dada pela Medida Provisória n. 2.177-44, de 2001.

[197] Súmula n. 100 – TJSP: O contrato de plano/seguro saúde submete-se aos ditames do Código de Defesa do Consumidor e da Lei n. 9.656/1998, ainda que a avença tenha sido celebrada antes da vigência desses diplomas legais.

[198] O autor da ADI n. 1.931/DF, ainda em curso no STF, Rel. Min. Marco Aurélio, conforme anotado no relatório, em 27 de setembro de 1999, editou mais uma vez a inicial em razão da edição da MP 1.908-1/1999, informando: A expressão "produtos definidos no inciso I e no §1º desta Lei", constante do § do artigo 10 do mencionado diploma, foi substituída por "produtos de que tratam o inciso I e o §1º do art. 1º desta Lei".

[199] Redação dada pela Medida Provisória n. 2.177-44, de 2001.

[200] Incluído pela Medida Provisória n. 2.177-44, de 2001.

[201] O artigo 10 passou a ser subdividido usando letras do alfabeto porque, por meio de medidas provisórias e resoluções, ocorreu o aumento do rol de outros serviços de cobertura obrigatória para as operadoras de planos privados de saúde: a Lei n. 9.961/2000 atribuiu à ANS competência para ampliar as obrigações assumidas pelas operadoras nos contratos de assistência suplementar, criando um processo em que se expandiram as obrigações privadas em prol da desoneração do público.

[202] Incluído pela Lei n. 10.223, de 2001.

referenciada, ou mediante reembolso, fornecer bolsas de colostomia, ileostomia e urostomia, sonda vesical de demora e coletor de urina com conector, para uso hospitalar, ambulatorial ou domiciliar, vedada a limitação de prazo, valor máximo e quantidade.[203]

Art. 11. É vedada a exclusão de cobertura às doenças e lesões preexistentes à data de contratação dos produtos de que tratam o inciso I e o § 1º do art. 1º desta Lei após vinte e quatro meses de vigência do aludido instrumento contratual, cabendo à respectiva operadora o ônus da prova e da demonstração do conhecimento prévio do consumidor ou beneficiário.[204-205-206-207-208-209]

---

[203] Incluído pela Lei n. 12.738, de 2012.

[204] No caso, a vedação de exclusão implica em aumento do rol de outros serviços de cobertura obrigatória para as operadoras de planos privados de saúde.

[205] ANSS, RN n. 162, de 17.11.2007: Estabelece a obrigatoriedade da Carta de Orientação ao Beneficiário; dispõe sobre Doenças ou Lesões Preexistentes (DLP); Cobertura Parcial Temporária (CPT); Declaração de Saúde e sobre o processo administrativo para comprovação do conhecimento prévio de DLP pelo beneficiário de plano privado de assistência à saúde no âmbito da Agência Nacional de Saúde Suplementar; revoga as Resoluções CONSU n. 2, de 4 de novembro de 1998, CONSU n. 17 de 23 de março de 1999, artigos 2º e 4º da Resolução CONSU n. 15 de 23 de março de 1999, a Resolução Normativa 20 de 12 de dezembro de 2002 e a Resolução Normativa RN n. 55, de 2 de novembro de 2003 e altera a Resolução Normativa – RN n. 124, de 30 de março de 2006.

[206] Redação dada pela Medida Provisória n. 2.177-44, de 2001.

[207] STF, ADI n. 1.931/DF, ainda em curso no STF, Rel. Min. Marco Aurélio, conforme anotado no relatório: Diz não se mostrar razoável a vedação, prevista no artigo 11, cabeça e parágrafo único da Lei n. 9.656/1998, de excluir-se da cobertura lesões ou doenças preexistentes ao contrato.

[208] O autor da ADI n. 1.931/DF, ainda em curso no STF, Rel. Min. Marco Aurélio, conforme anotado no relatório, em 27 de setembro de 1999, editou mais uma vez a inicial em razão da edição da MP 1.908-1/1999, informando: A expressão "produtos definidos no inciso I e no §1º desta Lei", constante do § do artigo 10 do mencionado diploma, foi substituída por "produtos de que tratam o inciso I e o §1º do art. 1º desta Lei". Idêntica alteração foi efetuada no artigo 11.

[209] STJ, AREsp. 227252, Terceira Turma, Rel. Min. Sidnei Beneti, 25.09.2012: Da interpretação dos arts. 11 e 35-C da Lei n. 9.656/1998, que estabelecem, respectivamente, os casos de não cobertura e a cobertura obrigatória quando urgente, se extrai que sendo identificada a patologia, como necessária e urgente para o restabelecimento da saúde do paciente, ela deve ser tratada às despesas do plano de saúde. 2. Cabe ao plano de saúde custear a cirurgia bariátrica, na técnica indicada pelo médico e com o fornecimento do material necessário, em razão do diagnóstico de obesidade mórbida apresentado em

CAPÍTULO IX – BREVES ANOTAÇÕES À LEI N.9.656/98

Parágrafo único. É vedada a suspensão da assistência à saúde do consumidor ou beneficiário, titular ou dependente, até a prova de que trata o *caput*, na forma da regulamentação a ser editada pela ANS.[210-211]

Art. 12. São facultadas a oferta, a contratação e a vigência dos produtos de que tratam o inciso I e o § 1º do art. 1º desta Lei, nas segmentações previstas nos incisos I a IV deste artigo, respeitadas as respectivas amplitudes de cobertura definidas no plano-referência de que trata o art. 10, segundo as seguintes exigências mínimas;[212-213-214-215-216]

---

laudo médico que a indica como medida de caráter urgente. 3. Não se pode impedir que o paciente receba o tratamento mais moderno que esteja disponível no momento, como a realização e cirurgia bariátrica com utilização do método duodenal switch por videolaparoscopia (pinça lingasuse).

[210] Incluído pela Medida Provisória n. 2.177-44, de 2001.

[211] TJ/PR – Enunciado N. 7.1: Recusa indevida de cobertura – dever de indenizar: A recusa indevida de cobertura de plano de saúde acarreta, em regra, o dever de indenizar os danos (morais e materiais) causados ao consumidor.

[212] Estabelece a liberdade relativa para a contratação de coberturas mais amplas, facultando a oferta e a contratação de produtos que foram expressamente excluídos do artigo 1º, nos incisos I a IV, e de outros que os contratantes julgarem convenientes.

[213] Redação dada pela Medida Provisória n. 2.177-44, de 2001.

[214] STF, ADI n. 1.931/DF, ainda em curso no STF, Rel. Min. Marco Aurélio, conforme anotado no relatório: Afirma a ausência de proporcionalidade do artigo 12 da Lei n. 9.656/1998, com a redação conferida pelo artigo 1º da Medida Provisória n. 1.730-7/1998, cujo comando elimina a possibilidade de estabelecer contratualmente valor máximo a ser atendido, bem assim estende a cobertura de todo plano de internação ao tratamento em unidade de terapia intensiva. Segundo argumenta, tampouco é adequada a obrigação do plano de cobrir internação sem limite de prazo. Aduz a desproporcionalidade de exigir-se das operadoras o pagamento de despesas de acompanhante de todos os internados, independentemente das condições contratuais. Anota ser abusiva a determinação de reembolso das despesas do beneficiário com hospital ou médico não credenciado ao plano, sem qualquer possibilidade de questionamento dos gastos por parte da empresa. Sublinha a impropriedade da ingerência do legislador no equilíbrio atuarial dos planos de saúde, resultado na majoração dos preços e, consequentemente, em prejuízos à coletividade. Aponta que o artigo 12, inciso IV, da lei impugnada colide também com os artigos 5º, inciso XIII, e 199, cabeça, do Diploma Maior, porquanto obriga os planos de saúde a oferecerem cobertura odontológica. Salienta surgirem arbitrários os prazos fixados no tocante a essa modalidade de atendimento.

[215] O autor da ADI n. 1.931/DF, ainda em curso no STF, Rel. Min. Marco Aurélio, conforme anotado no relatório, em 27 de setembro de 1999, editou mais uma vez a inicial em razão da edição da MP 1.908-1/1999, informando que no artigo 12, cabeça,

I – quando incluir atendimento ambulatorial:

a) cobertura de consultas médicas, em número ilimitado, em clínicas básicas e especializadas, reconhecidas pelo Conselho Federal de Medicina;

b) cobertura de serviços de apoio diagnóstico, tratamentos e demais procedimentos ambulatoriais, solicitados pelo médico assistente;[217]

c) cobertura de tratamentos antineoplásicos domiciliares de uso oral, incluindo medicamentos para o controle de efeitos adversos relacionados ao tratamento e adjuvantes;[218-219-220]

---

inciso VI e parágrafos 1º e 2º, o termo "produtos de que tratam o inciso I e o §1º do art. 1º desta Lei".

[216] O autor da ADI n. 1.931/DF, ainda em curso no STF, Rel. Min. Marco Aurélio, conforme anotado no relatório, em 27 de setembro de 1999, editou mais uma vez a inicial em razão da edição da MP 1.908-1/1999, informando: Adicionou-se ao artigo 12, inciso VI, da Lei n. 9.656/1998, a expressão "ou referenciados", após, respectivamente, os termos "serviços próprios" e "rede hospitalar contratada".

[217] Redação dada pela Medida Provisória n. 2.177-44, de 2001.

[218] Incluído pela Lei n. 12.880, de 2013.

[219] CNJ, Recomendação 31: orienta os juízes a evitar "autorizar o fornecimento de medicamentos ainda não registrados pela Anvisa, ou em fase experimental, ressalvadas as exceções expressamente previstas em lei".

[220] STJ, REsp. 1.644.829/SP, Terceira Turma, Rel. Min. Nancy Andrighi, 21.02.2017: DIREITO CIVIL. RECURSO ESPECIAL. AÇÃO DE OBRIGAÇÃO DE FAZER E COMPENSAÇÃO POR DANOS MORAIS. RECUSA À COBERTURA DE TRATAMENTO QUIMIOTERÁPICO. PLANO DE SAÚDE GERIDO POR AUTOGESTÃO. BOA FÉ OBJETIVA. MEDICAMENTO IMPORTADO SEM REGISTRO NA ANVISA. FORNECIMENTO. IMPOSSIBILIDADE. DISSÍDIO JURISPRUDENCIAL. SÚMULA 284/STF. 1. Ação de obrigação de fazer e compensação por dano moral ajuizada em 14.06.2013. Recurso especial atribuído ao gabinete em 25.08.2016. Julgamento: CPC/73. 2. A questão posta a debate nestes autos consiste em aferir se é abusiva cláusula contratual em plano de saúde gerido por autogestão, que restringe o fornecimento de medicamento importado sem registro na ANVISA. 3. Por ocasião do julgamento do REsp 1285483/PB, a Segunda Seção do STJ afastou a aplicação do Código de Defesa do Consumidor ao contrato de plano de saúde administrado por entidade de autogestão, por inexistência de relação de consumo. 4. O fato da administração por autogestão afastar a aplicação do CDC não atinge o princípio da força obrigatória do contrato (*pacta sunt servanda*); e, a aplicação das regras do Código Civil em matéria contratual, tão rígidas quanto a legislação consumerista. 5. Determinar judicialmente o fornecimento de fármacos importados, sem o devido registro no órgão fiscalizador competente, implica em negar vigência ao art. 12 da Lei n. 6.360/76. 6. A ausência de fundamentação ou a sua deficiência importa no não conhecimento do recurso quanto ao tema. 7. Recurso especial conhecido parcialmente, e nessa parte, provido.

CAPÍTULO IX – BREVES ANOTAÇÕES À LEI N.9.656/98

II – quando incluir internação hospitalar:

a) cobertura de internações hospitalares, vedada a limitação de prazo, valor máximo e quantidade, em clínicas básicas e especializadas, reconhecidas pelo Conselho Federal de Medicina, admitindo-se a exclusão dos procedimentos obstétricos;[221]

b) cobertura de internações hospitalares em centro de terapia intensiva, ou similar, vedada a limitação de prazo, valor máximo e quantidade, a critério do médico assistente;[222]

c) cobertura de despesas referentes a honorários médicos, serviços gerais de enfermagem e alimentação;

d) cobertura de exames complementares indispensáveis para o controle da evolução da doença e elucidação diagnóstica, fornecimento de medicamentos, anestésicos, gases medicinais, transfusões e sessões de quimioterapia e radioterapia, conforme prescrição do médico assistente, realizados ou ministrados durante o período de internação hospitalar;[223]

e) cobertura de toda e qualquer taxa, incluindo materiais utilizados, assim como da remoção do paciente, comprovadamente necessária, para outro estabelecimento hospitalar, dentro dos limites de abrangência geográfica previstos no contrato, em território brasileiro;[224]

f) cobertura de despesas de acompanhante, no caso de pacientes menores de dezoito anos;[225]

---

[221] Redação dada pela Medida Provisória n. 2.177-44, de 2001.
[222] Redação dada pela Medida Provisória n. 2.177-44, de 2001.
[223] Redação dada pela Medida Provisória n. 2.177-44, de 2001.
[224] MPs 2.097/2001, 2.177-43/2001, 2.097-41/2001 3 2.177-44/2001: A alínea "e" do inciso II, do artigo 12, teve o texto alterado de "cobertura de toda e qualquer taxa, incluindo materiais utilizados, assim como da remoção do paciente, comprovadamente necessária, para outro estabelecimento hospitalar, em território brasileiro, dentro dos limites de abrangência geográfica previstos no contrato" para "cobertura de toda e qualquer taxa, incluindo materiais utilizados, assim como da remoção do paciente, comprovadamente necessária, para outro estabelecimento hospitalar, dentro dos limites de abrangência geográfica previstos no contrato, em território brasileiro".
[225] MPs 2.097/2001, 2.177-43/2001, 2.097-41/2001 3 2.177-44/2001: A alínea "f" do inciso II, passou de "cobertura de despesas de acompanhante, no caso de pacientes

g) cobertura para tratamentos antineoplásicos ambulatoriais e domiciliares de uso oral, procedimentos radioterápicos para tratamento de câncer e hemoterapia, na qualidade de procedimentos cuja necessidade esteja relacionada à continuidade da assistência prestada em âmbito de internação hospitalar;[226]

III – quando incluir atendimento obstétrico:

a) cobertura assistencial ao recém-nascido, filho natural ou adotivo do consumidor, ou de seu dependente, durante os primeiros trinta dias após o parto;

b) inscrição assegurada ao recém-nascido, filho natural ou adotivo do consumidor, como dependente, isento do cumprimento dos períodos de carência, desde que a inscrição ocorra no prazo máximo de trinta dias do nascimento ou da adoção;[227]

IV – quando incluir atendimento odontológico:[228]

a) cobertura de consultas e exames auxiliares ou complementares, solicitados pelo odontólogo assistente;

b) cobertura de procedimentos preventivos, de dentística e endodontia;

c) cobertura de cirurgias orais menores, assim consideradas as realizadas em ambiente ambulatorial e sem anestesia geral;

V – quando fixar períodos de carência;[229]

a) prazo máximo de trezentos dias para partos a termo;

b) prazo máximo de cento e oitenta dias para os demais casos;

---

menores de dezoito anos", a "cobertura de despesas de acompanhante, no caso de pacientes menores de dezoito anos ou maiores de sessenta e cinco anos".

[226] Incluído pela Lei n. 12.880, de 2013.

[227] Redação dada pela Medida Provisória n. 2.177-44, de 2001.

[228] ANSS, RN n. 243, de 16.12.2010: Altera as Resoluções Normativas – RN´s n. 173, de 10 de julho de 2008, n. 209, de 22 de dezembro de 2009, e n. 227, de 19 de agosto de 2010.

[229] MPs 2.097/2001, 2.177-43/2001, 2.097-41/2001 3 2.177-44/2001: "Às alíneas 'a' e 'b' do inciso V do artigo 12 foi conferida nova redação: V – (...) a) prazo máximo de trezentos dias para partos; b) prazo máximo de cento e oitenta dias para os demais procedimentos previstos no art. 10";

CAPÍTULO IX – BREVES ANOTAÇÕES À LEI N.9.656/98

c) prazo máximo de vinte e quatro horas para a cobertura dos casos de urgência e emergência;[230-231]

VI – reembolso, em todos os tipos de produtos de que tratam o inciso I e o § 1º do art. 1º desta Lei, nos limites das obrigações contratuais, das despesas efetuadas pelo beneficiário com assistência à saúde, em casos de urgência ou emergência, quando não for possível a utilização dos serviços próprios, contratados, credenciados ou referenciados pelas operadoras, de acordo com a relação de preços de serviços médicos e hospitalares praticados pelo respectivo produto, pagáveis no prazo máximo de trinta dias após a entrega da documentação adequada;[232]

VII – inscrição de filho adotivo, menor de doze anos de idade, aproveitando os períodos de carência já cumpridos pelo consumidor adotante.[233]

§ 1º Após cento e vinte dias da vigência desta Lei, fica proibido o oferecimento de produtos de que tratam o inciso I e o § 1º do art. 1º desta Lei fora das segmentações de que trata este artigo, observadas suas respectivas condições de abrangência e contratação.[234]

---

[230] STJ, AgRg no AREsp. 627.782/SP, Quarta Turma, Rel. Min. Marco Buzzi: 1. Prazo de carência (180 dias) estipulado pelo plano de saúde para cobertura de doenças e lesões preexistentes ao contrato. 1.1. A jurisprudência do STJ é no sentido de que *"lídima a cláusula de carência estabelecida em contrato voluntariamente aceito por aquele que ingressa em plano de saúde, merecendo temperamento, todavia, a sua aplicação quando se revela circunstância excepcional, constituída por necessidade de tratamento de urgência decorrente de doença grave que, se não combatida a tempo, tornará inócuo o fim maior do pacto celebrado, qual seja, o de assegurar eficiente amparo à saúde e à vida"* (REsp 466.667/SP, Rel. Ministro Aldir Passarinho Júnior, Quarta Turma, julgado em 27.11.2007, DJ 17.12.2007). 1.2. Cláusula limitativa do tempo de internação do paciente. Nos termos da jurisprudência cristalizada na Súmula 302/STJ, é abusivo o preceito contratual que restringe, no tempo, a internação hospitalar indispensável ao tratamento do usuário do plano de saúde. Correta aplicação da Súmula 83/STJ. Agravo regimental desprovido.

[231] Incluído pela Medida Provisória n. 2.177-44, de 2001.

[232] Redação dada pela Medida Provisória n. 2.177-44, de 2001.

[233] MPs 2.097/2001, 2.177-43/2001, 2.097-41/2001 3 2.177-44/2001: O inciso VII do artigo 12 previa a "inscrição de filho adotivo, menor de doze anos de idade, aproveitando os períodos de carência já cumpridos pelo consumidor adotante". A nova redação passou a referir-se também ao filho natural, acrescentando ao final do dispositivo a expressão "quando inscrito até quarenta e cinco dias do nascimento ou da adoção".

[234] Redação dada pela Medida Provisória n. 2.177-44, de 2001.

§ 2º A partir de 3 de dezembro de 1999, da documentação relativa à contratação de produtos de que tratam o inciso I e o § 1º do art. 1º desta Lei, nas segmentações de que trata este artigo, deverá constar declaração em separado do consumidor, de que tem conhecimento da existência e disponibilidade do plano referência, e de que este lhe foi oferecido.[235]

§ 3º[236]

§ 4º As coberturas a que se referem as alíneas 'c' do inciso I e 'g' do inciso II deste artigo serão objeto de protocolos clínicos e diretrizes terapêuticas, revisados periodicamente, ouvidas as sociedades médicas de especialistas da área, publicados pela ANS.[237]

§ 5º O fornecimento previsto nas alíneas 'c' do inciso I e 'g' do inciso II deste artigo dar-se-á, por meio de rede própria, credenciada, contratada ou referenciada, diretamente ao paciente ou ao seu representante legal, podendo ser realizado de maneira fracionada por ciclo, observadas as normas estabelecidas pelos órgãos reguladores e de acordo com prescrição médica.[238]

Art. 13. Os contratos de produtos de que tratam o inciso I e o § 1º do art. 1º desta Lei têm renovação automática a partir do vencimento do prazo inicial de vigência, não cabendo a cobrança de taxas ou qualquer outro valor no ato da renovação.[239-240-241]

Parágrafo único. Os produtos de que trata o *caput*, contratados individualmente, terão vigência mínima de um ano, sendo vedadas:[242]

---

[235] Redação dada pela Medida Provisória n. 2.177-44, de 2001.

[236] Revogado pela Medida Provisória n. 2.177-44, de 2001.

[237] Incluído pela Lei n. 12.880, de 2013.

[238] Incluído pela Lei n. 12.880, de 2013.

[239] STJ, REsp 1.360.696-RS, Segunda Seção, Rel. para redação Min. Marco Aurélio Bellizze: Na vigência dos contratos de plano de saúde ou de seguro de assistência à saúde, a pretensão condenatória decorrente da declaração de nulidade de cláusula de reajuste nele prevista prescreve em 20 anos (art. 177 do CC/1916) ou em 3 anos (art. 206, § 3º, IV, do CC/2002), observada a regra de transição do art. 2.028 do CC/2002.

[240] Redação dada pela Medida Provisória n. 2.177-44, de 2001.

[241] TJ/SP – Súmula n. 103: é abusiva a negativa de cobertura em atendimento de urgência e/ou emergência a pretexto de que está em curso período de carência que não seja o prazo de 24 horas estabelecido na Lei n. 9.656/1998.

[242] Redação dada pela Medida Provisória n. 2.177-44, de 2001.

CAPÍTULO IX – BREVES ANOTAÇÕES À LEI N.9.656/98

I – a recontagem de carências;[243-244]

II – a suspensão ou a rescisão unilateral do contrato, salvo por fraude ou não pagamento da mensalidade por período superior a sessenta dias, consecutivos ou não, nos últimos doze meses de vigência do contrato, desde que consumidor seja comprovadamente notificado até o quinquagésimo dia de inadimplência;[245] e

III – a suspensão ou a rescisão unilateral do contrato, em qualquer hipótese, durante a ocorrência de internação do titular.[246]

Art. 14. Em razão da idade do consumidor, ou da condição de pessoa portadora de deficiência, ninguém pode ser impedido de participar de planos privados de assistência à saúde.[247]

Art. 15. A variação das contraprestações pecuniárias estabelecidas nos contratos de produtos de que tratam o inciso I e o § 1º do art. 1º desta Lei, em razão da idade do consumidor, somente poderá ocorrer caso estejam previstas no contrato inicial as faixas etárias e os percentuais de reajustes incidentes em cada uma delas, conforme normas expedidas pela ANS, ressalvado o disposto no art. 35-E.[248-249-250-251-252]

---

[243] ANSS, RN n. 252, de 28.04.2011: Dispõe sobre as regras de portabilidade e de portabilidade especial de carências, alterando as Resoluções Normativas n. 186, de 14 de janeiro de 2009, e n. 124, de 30 de março de 2006, e a Resolução de Diretoria[Correlações] [Revogações] Colegiada n. 28, de 26 de junho de 2000.

[244] Redação dada pela Medida Provisória n. 2.177-44, de 2001.

[245] Redação dada pela Medida Provisória n. 2.177-44, de 2001.

[246] Incluído pela Medida Provisória n. 2.177-44, de 2001.

[247] Redação dada pela Medida Provisória n. 2.177-44, de 2001, Vide Lei n. 12.764, de 2012.

[248] STJ. REsp n. 1.568.244/RJ. Rel. Min. Ricardo Villas Bôas Cueva. Segunda Sessão. Unânime. DJe 19.12.2016: "O reajuste de mensalidade de plano de saúde individual ou familiar fundado na mudança de faixa etária do beneficiário é válido desde que: (i) haja previsão contratual, (ii) sejam observadas as normas expedidas pelos órgãos governamentais reguladores e (iii) não sejam aplicados percentuais desarrazoados ou aleatórios que, concretamente e sem base atuarial idônea, onerem excessivamente o consumidor ou discriminem o idoso".

[249] STJ, AdInt no REsp 1.297.945/SP, Rel. Min. Luiz Felipe Salomão, 06.10.2016: 1. A Segunda Seção, quando do julgamento do Recurso Especial 1.280.211/SP (Rel. Ministro Marco Buzzi, julgado em 23.04.2014, DJe 04.09.2014), consolidou o entendimento de que a previsão de reajuste de mensalidade de plano de saúde (ou prêmio de seguro saúde) em decorrência da mudança de faixa etária de consumidor idoso não configura, por si só, cláusula abusiva, devendo sua compatibilidade com a

boa-fé objetiva e a equidade ser aferida em cada caso concreto. 2. Na ocasião, o aludido órgão julgador assentou: (i) a incidência imediata do Estatuto do Idoso (Lei n. 10.741/2003) aos contratos anteriores à sua vigência; (ii) que, nos termos do parágrafo único do artigo 15 da Lei n. 9.656/98, apenas os planos ou seguros saúde firmados há mais de 10 (dez) anos por maiores de 60 (sessenta) anos não podem sofrer variação das mensalidades ou prêmios em razão da mudança de faixa etária; (iii) ressalvada a hipótese constante do item precedente, a Lei dos Planos de Saúde não tem comando abstrato expresso no sentido de proibir a estipulação de reajuste com base na mudança de faixa etária, mas apenas inibe a operadora de estipular percentuais desarrazoados (ou aleatórios), sem pertinência com o incremento do risco acobertado, no intuito de compelir o idoso à quebra do vínculo contratual (conduta manifestamente discriminatória); e (iv) revelar-se imperiosa a aferição da abusividade da cláusula de reajuste à luz dos critérios mínimos estabelecidos pela Agência Nacional de Saúde Suplementar – ANS. 3. Desse modo, não merece reparo a decisão monocrática que determinou o retorno dos autos à instância de origem para que se proceda à análise da abusividade do reajuste etário no caso concreto, em consonância com os critérios delineados por esta Corte Superior.

[250] Redação dada pela Medida Provisória n. 2.177-44, de 2001

[251] O tema do art. 15º, com as modificações da Medida Provisória n. 1.730-7/1998, é objeto da ADI n. 1.931/DF, ainda em curso no STF, Rel. Min. Marco Aurélio, conforme anotado no relatório: Articula com o enquadramento o enquadramento das empresas de planos de saúde na categoria de seguradoras, pois cabe a elas a cobertura dos custos de assistência médico-hospitalar, tal como ocorre com as operadoras de seguros privados de saúde. Sustenta a inconstitucionalidade formal dos diplomas impugnados. Consoante argumenta, a disciplina do funcionamento de estabelecimentos de seguros e do respectivo órgão oficial de fiscalização exige lei complementar, nos termos do artigo 192, inciso II, do Texto Maior, a revelar a impropriedade da lei ordinária e da medida provisória em jogo. Caso não se reconheça a inconstitucionalidade, por vício formal, da íntegra das duas normas, pleiteia seja assim declarada, ao menos, no que diz respeito aos dispositivos abaixo transcritos, relacionados com a autorização e o funcionamento dessas entidades, bem assim do órgão fiscalizador (...) Argui a inconstitucionalidade do artigo 15, parágrafo único, da lei questionada, por ofensa ao devido processo legal substantivo, no que o preceito veda a variação da contraprestação do consumidor com mais de sessenta anos de idade e inscrito no plano há mais de dez.

Vale referir que a Medida Provisória n. 1.801-11/1999 ampliou a reedição, sem modificações significativas, da Medida Provisória n. 1.730-7/1998, no seguintes termos: a) inclusão no §2º do artigo 1º, da expressão "ou de administração"; b) inclusão, no *caput* do artigo 9º, das expressões "para as operadoras de planos de saúde e seguros de assistência à saúde e duzentos e quarenta dias para as administradoras de assistência à saúde" e "registradas"; c) exclusão das operadoras de seguros e inclusão das administradoras de planos na hipótese do §2º do art. 19; d) inclusão, nos incisos I e II do §3º do artigo 19, da expressão "ou da administradora"; e) exclusão, do §5º do artigo 19, da expressão "de cadastramento"; f) inclusão, no artigo 35-A, do inciso XIV; g)

CAPÍTULO IX – BREVES ANOTAÇÕES À LEI N.9.656/98

Parágrafo único. É vedada a variação a que alude o *caput* para consumidores com mais de sessenta anos de idade, que participarem dos produtos de que tratam o inciso I e o § 1º do art. 1º, ou sucessores, há mais de dez anos.[253]

Art. 16. Dos contratos, regulamentos ou condições gerais dos produtos de que tratam o inciso I e o § 1º do art. 1º desta Lei devem constar dispositivos que indiquem com clareza;[254-255]

I – as condições de admissão;

II – o início da vigência;

III – os períodos de carência para consultas, internações, procedimentos e exames;

IV – as faixas etárias e os percentuais a que alude o *caput* do art. 15;[256]

---

inclusão, no §3º, inciso IV, do artigo 35B, das alíneas i, j, l e m, dispondo sobre a composição do CONSU, e h) revogação do §1º do artigo 30 (artigo 7º da nova MP). A MP 1.801-12/1999 foi reeditada com registros 1.801-13/1999, 1.801-14/1999, 1.801-14/1999, 1.801-15/1999 e 1.801-16/1999.

[252] O Instituto de Defesa do Consumidor (Idec) analisou decisões de 11 tribunais do País, publicadas entre 2013 e 2017, constatando que 75% das decisões foram favoráveis à redução do aumento cobrado pela empresa. Das ações analisadas no levantamento, a média de reajuste foi de 89%. Um valor acima do que foi registrado na pesquisa semelhante do Idec com ações entre 2005 e 2013. Naquele intervalo, o reajuste médio foi de 81%. O resultado demonstra que as operadoras devem estar mais atentas aos parâmetros utilizados nas decisões judiciais para se adequar a eles ou alinhavar elementos para mudar o entendimento prevalente.

[253] MPs 2.097/2001, 2.177-43/2001, 2.097-41/2001 3 2.177-44/2001: O parágrafo único do artigo 15, passou de "É vedada a variação a que alude o *caput* para consumidores com sessenta anos de idade ou mais, que participarem há mais de dez anos de produtos de que tratam o inciso I e o par. 1 do art. 1, ofertados pela mesma operadora ou sucessora desta", para "É vedada a variação a que alude o *caput* para consumidores com mais de sessenta anos de idade, que participarem dos produtos de que tratam o inciso O e o par. 1 do art. 1, ou sucessores, há mais de dez anos".

[254] Redação dada pela Medida Provisória n. 2.177-44, de 2001.

[255] Súmula n. 100 – TJSP: O contrato de plano/seguro saúde submete-se aos ditames do Código de Defesa do Consumidor e da Lei n. 9.656/1998, ainda que a avença tenha sido celebrada antes da vigência *desses diplomas legais*.

[256] STJ. REsp n. 1.568.244/RJ. Rel. Min. Ricardo Villas Bôas Cueva. Segunda Sessão. Unânime. DJe 19.12.2016: "O reajuste de mensalidade de plano de saúde individual

V – as condições de perda da qualidade de beneficiário;[257]

VI – os eventos cobertos e excluídos;[258-259]

VII – o regime, ou tipo de contratação:[260]

a) individual ou familiar;[261]

b) coletivo empresarial;[262-263-264-265-266-267] ou

---

ou familiar fundado na mudança de faixa etária do beneficiário é válido desde que: (i) haja previsão contratual, (ii) sejam observadas as normas expedidas pelos órgãos governamentais reguladores e (iii) não sejam aplicados percentuais desarrazoados ou aleatórios que, concretamente e sem base atuarial idônea, onerem excessivamente o consumidor ou discriminem o idoso".

[257] Redação dada pela Medida Provisória n. 2.177-44, de 2001.

[258] TJ/SP – Súmula n. 105: Não prevalece a negativa de cobertura às doenças e às lesões preexistentes se, à época da contratação de plano de saúde, não se exigiu prévio exame médico admissional.

[259] STJ, REsp.1.632.752/PR, Terceira Turma, Rel. Min. Ricardo Villas Bôas Cueva, 22.08.2017: 12. Há situações em que existe dúvida jurídica razoável na interpretação de cláusula contratual, não podendo ser reputada ilegítima ou injusta, violadora de direitos imateriais, a conduta de operadora que optar pela restrição de cobertura sem ofender, em contrapartida, os deveres anexos do contrato, tal qual a boa-fé, o que afasta a pretensão de compensação de danos morais. 13. Não há falar em dano moral indenizável quando a operadora de saúde se pautar somente conforme as normas do setor. No caso, não havia consenso acerca da exegese a ser dada ao art. 10, incisos I e V, da Lei n. 9.656/1998. 14. Recurso especial parcialmente provido.

[260] Redação dada pela Medida Provisória n. 2.177-44, de 2001.

[261] Redação dada pela Medida Provisória n. 2.177-44, de 2001.

[262] TJ/SP – Súmula n. 101: O beneficiário do plano de saúde tem legitimidade para acionar diretamente a operadora, mesmo que a contratação tenha sido firmada por seu empregador ou associação de classe.

[263] ANSS, IN n. 13, 21.07.2006: Define os procedimentos da comunicação dos reajustes das contraprestações pecuniárias dos planos privados de assistência suplementar à saúde, contratados por pessoa jurídica, independentemente de sua segmentação e da data de contratação, previstos nas Resoluções Normativas – RN n. 171, e RN n. 172, ambas de 8 de junho de 2008, ou em outras normas que venham a substituí-las. (Redação dada pela IN/DIPRO n. 47, de 04.12.2014).

[264] A RN 195/2009 dispõe sobre as características dos planos de saúde, tendo inclusive uma subseção sobre os reajustes: "Art. 19. Nenhum contrato poderá receber reajuste em periodicidade inferior a doze meses, ressalvado o disposto no *caput* do artigo 22 desta RN; §1º Para fins do disposto no *caput*, considera-se reajuste qualquer variação positiva na contraprestação pecuniária, inclusive aquela decorrente de revisão ou

CAPÍTULO IX – BREVES ANOTAÇÕES À LEI N.9.656/98

reequilíbrio econômico-atuarial do contrato; §2º Em planos operados por autogestão, quando a contribuição do beneficiário for calculada sobre a remuneração, não se considera reajuste o aumento decorrente exclusivamente do aumento da remuneração; §3º Em planos operados por autogestão, patrocinados por entes da administração pública direta ou indireta, não se considera reajuste o aumento que decorra exclusivamente da elevação da participação financeira do patrocinador. (Redação dada pela RN n. 204, de 2009); §4º Não se considera reajuste a variação da contraprestação pecuniária em plano com preço pós-estabelecido. (Incluído pela RN n. 204, de 2009); Art. 20. Não poderá haver aplicação de percentuais de reajuste diferenciados dentro de um mesmo plano de um determinado contrato, inclusive na forma de contratação prevista no inciso III do artigo 23 desta RN; Art. 21. Não poderá haver distinção quanto ao valor da contraprestação pecuniária entre os beneficiários que vierem a ser incluídos no contrato e os a ele já vinculados, inclusive na forma de contratação prevista no inciso III do artigo 23 desta RN; Art. 22. O disposto nesta seção não se aplica às variações do valor da contraprestação pecuniária em razão de mudança de faixa etária, migração e adaptação de contrato à Lei n. 9.656, de 1998". A mesma RN 195 prevê multa ao caso de aplicar reajuste em desacordo com a regulamentação vigente: Reajuste de plano coletivo: Art. 61. A Exigir ou aplicar reajuste da contraprestação pecuniária do contrato coletivo em desacordo com a regulamentação específica em vigor. Sanção – multa de R$ 45.000,00".

[265] Redação dada pela Medida Provisória n. 2.177-44, de 2001.

[266] ANSS, RN n. 200, de 13.08.2009: Altera as Resoluções Normativas n 195, de 14 de julho de 2009 e 162, de 17 de outubro de 2007, tratando das carências nos contratos coletivo empresarial e a cobrança das contraprestações.

[267] STJ, REsp. 1.471.569/RJ, Terceira Turma, Rel. Min. Ricardo Villas Bôas Cueva, jil. 01.03.2016: 1. Cinge-se a controvérsia a saber se a migração do beneficiário do plano coletivo empresarial extinto para o plano individual ou familiar enseja não somente a portabilidade de carências e a compatibilidade de cobertura assistencial, mas também a preservação dos valores das mensalidades então praticados. 2. Os planos de saúde variam segundo o regime e o tipo de contratação: (i) individual ou familiar, (ii) coletivo empresarial e (iii) coletivo por adesão (arts. 16, VII, da Lei n. 9.656/1998, e 3º, 5º e 9º da RN n. 195/2009 da ANS), havendo diferenças, entre eles, na atuária e na formação de preços dos serviços da saúde suplementar. 3. No plano coletivo empresarial, a empresa ou o órgão público tem condições de apurar, na fase pré-contratual, qual é a massa de usuários que será coberta, pois dispõe de dados dos empregados ou servidores, como a idade e a condição médica do grupo. Diante disso, considerando-se a atuária mais precisa, pode ser oferecida uma mensalidade inferior àquela praticada aos planos individuais. 4. Os contratos de planos privados de assistência à saúde coletivos podem ser rescindidos imotivadamente após a vigência do período de 12 (doze) meses e mediante prévia notificação da outra parte com antecedência mínima de 60 (sessenta) dias (art. 17, parágrafo único, da RN n. 195/2009 da ANS). A vedação de suspensão e de rescisão unilateral prevista no art. 13, parágrafo único, II, da Lei n. 9.656/1998 aplica-se somente aos contratos individuais ou familiares. 5. A migração ou a portabilidade de carências

c) coletivo por adesão;[268]

VIII – a franquia, os limites financeiros ou o percentual de coparticipação do consumidor ou beneficiário, contratualmente previstos nas despesas com assistência médica, hospitalar e odontológica;[269-270]

IX – os bônus, os descontos ou os agravamentos da contraprestação pecuniária;

---

na hipótese de rescisão de contrato de plano de saúde coletivo empresarial foi regulamentada pela Resolução CONSU n. 19/1999, que dispôs sobre a absorção do universo de consumidores pelas operadoras de planos ou seguros de assistência à saúde que operam ou administram planos coletivos que vierem a ser liquidados ou encerrados. A RN n. 186/2009 e a RN n. 254/2011 da ANS incidem apenas nos planos coletivos por adesão ou nos individuais. 6. Não há falar em manutenção do mesmo valor das mensalidades aos beneficiários que migram do plano coletivo empresarial para o plano individual, haja vista as peculiaridades de cada regime e tipo contratual (atuária e massa de beneficiários), que geram preços diferenciados. O que deve ser evitado é a abusividade, tomando-se como referência o valor de mercado da modalidade contratual. 7. Nos casos de denúncia unilateral do contrato de plano de saúde coletivo Documento: 1491505 – Inteiro Teor do Acórdão – Site certificado – DJe: 07.03.2016 Página 1 de 16 Superior Tribunal de Justiça empresarial, é recomendável ao empregador promover a pactuação de nova avença com outra operadora, evitando, assim, prejuízos aos seus empregados, pois não precisarão se socorrer da migração a planos individuais, de custos mais elevados. 8. Recurso especial provido.

[268] Redação dada pela Medida Provisória n. 2.177-44, de 2001.
[269] Redação dada pela Medida Provisória n. 2.177-44, de 2001.
[270] STJ, REsp n. 1.566.062/RS, Rel. Ministro RICARDO VILLAS BÔAS CUEVA, Terceira Turma, DJe 1/7/2016: 3. O art. 16, VIII, da Lei n. 9.656/1998 permitiu a inclusão de fatores moderadores, paralelos às mensalidades, no custeio dos planos de saúde, como a coparticipação, a franquia e os limites financeiros, que devem estar devidamente previstos no contrato, de forma clara e legível, desde que também não acarretem o desvirtuamento da livre escolha do consumidor. Precedente. 4. A adoção da coparticipação no plano de saúde implica diminuição do risco assumido pela operadora, o que provoca redução do valor da mensalidade a ser paga pelo usuário, que, por sua vez, caso utilize determinada cobertura, arcará com valor adicional apenas quanto a tal evento. 5. Os fatores moderadores de custeio, além de proporcionar mensalidades mais módicas, são medidas inibitórias de condutas descuidadas e pródigas do usuário, visto que o uso indiscriminado de procedimentos, consultas e exames afetará negativamente o seu patrimônio. A prudência, portanto, figura como importante instrumento de regulação do seu comportamento. 6. Não há falar em ilegalidade na contratação de plano de saúde em regime de coparticipação, seja em percentual sobre o custo do tratamento seja em montante fixo, até mesmo porque "percentual de coparticipação do consumidor ou beneficiário" (art. 16, VIII, da Lei

CAPÍTULO IX – BREVES ANOTAÇÕES À LEI N.9.656/98

X – a área geográfica de abrangência;[271-272]

XI – os critérios de reajuste e revisão das contraprestações pecuniárias.[273]

XII – número de registro na ANS.[274]

Parágrafo único. A todo consumidor titular de plano individual ou familiar será obrigatoriamente entregue, quando de sua inscrição, cópia do contrato, do regulamento ou das condições gerais dos produtos de que tratam o inciso I e o § 1º do art. 1º, além de material explicativo que descreva, em linguagem simples e precisa, todas as suas características, direitos e obrigações.[275]

Art. 17. A inclusão de qualquer prestador de serviço de saúde como contratado, referenciado ou credenciado dos produtos de que tratam o inciso

---

n. 9.656/1998) é expressão da lei. Vedação, todavia, da instituição de fator que limite seriamente o acesso aos serviços de assistência à saúde, a exemplo de financiamentos quase integrais do procedimento pelo próprio usuário, a evidenciar comportamento abusivo da operadora. 7. A coparticipação em percentual sobre o custo do tratamento é proibida apenas nos casos de internação, e somente para os eventos que não tenham relação com a saúde mental, devendo, no lugar, ser os valores prefixados (arts. 2º, VII e VIII, e 4º, VII, da Resolução CONSU n. 8/1998). 8. O afastamento da cláusula de coparticipação equivaleria a admitir-se a mudança do plano de saúde para que o usuário arcasse com valores reduzidos de mensalidade sem a necessária contrapartida, o que causaria grave desequilíbrio contratual por comprometer a atuária e por onerar, de forma desproporcional, a operadora, a qual teria que custear a integralidade do tratamento. 9. Recurso especial provido.

[271] Redação dada pela Medida Provisória n. 2.177-44, de 2001.

[272] Súmula n. 99 – TJSP: Não havendo, na área do contrato de plano de saúde, atendimento especializado que o caso requer, e existindo urgência, há responsabilidade solidária no atendimento ao conveniado entre as cooperativas de trabalho médico da mesma operadora, ainda que situadas em bases geográficas distintas.

[273] "Para efeitos de julgamento do recurso especial repetitivo, fixa-se a seguinte tese: Na vigência dos contratos de plano ou de seguro de assistência à saúde, a pretensão prescreve em 20 anos (art. 177 do CC/1926) ou em 3 anos (art. 206, par. 3º, IV, do CC2002), observada a regra de transição do art. 2.028 do CC/2002" REsp n. 1.360/RS, Rel. Min. Marco Buzzi, Relator para redação do Acórdão Min. Marco Aurélio Bellizze. Maioria de votos, acompanharam a divergência inaugurada pelo Min. Bellizze os ministros João Otávio de Noronha, Ricardo Villas Bôas Cueva, Raul Araújo e Moura Ribeiro, vencidos os ministros Marco Buzzi, Paulo de Tarso Sanseverino, Maria Isabel Gallotti e Antonio Carlos Ferreira. DJe 19.09.2016.

[274] Incluído pela Medida Provisória n. 2.177-44, de 2001.

[275] Redação dada pela Medida Provisória n. 2.177-44, de 2001.

I e o § 1º do art. 1º desta Lei implica compromisso com os consumidores quanto à sua manutenção ao longo da vigência dos contratos, permitindo-se sua substituição, desde que seja por outro prestador equivalente e mediante comunicação aos consumidores com 30 (trinta) dias de antecedência.[276-277-278]

§ 1º É facultada a substituição de entidade hospitalar, a que se refere o *caput* deste artigo, desde que por outro equivalente e mediante comunicação aos consumidores e à ANS com trinta dias de antecedência, ressalvados desse prazo mínimo os casos decorrentes de rescisão por fraude ou infração das normas sanitárias e fiscais em vigor.[279]

§ 2º Na hipótese de a substituição do estabelecimento hospitalar a que se refere o § 1º ocorrer por vontade da operadora durante período de internação do consumidor, o estabelecimento obriga-se a manter a internação e a operadora, a pagar as despesas até a alta hospitalar, a critério médico, na forma do contrato.[280]

§ 3º Excetuam-se do previsto no § 2º os casos de substituição do estabelecimento hospitalar por infração às normas sanitárias em vigor, durante período de internação, quando a operadora arcará com a responsabilidade pela transferência imediata para outro estabelecimento equivalente,

---

[276] Não pode haver redução da rede ofertada e, para garantir esse direito, a Lei n. 13.003/2014 alterou a Lei n. 9.656/1998, com a redação dada pela MP n. 2.177-44/2001, para tornar obrigatória a existência de contratos escritos entre as operadoras e seus serviços, introduzindo também regras para a substituição do prestador (Resolução Normativa n. 363/2014, Resolução Normativa n. 364/2014, Resolução Normativa n. 365/2014, Instrução Normativa n. 56/2014).

[277] TJ/PR, Bem. Decl. Ap. Cível 0569012-4/4, Rel. Des. Coimbra de Moura, 16.08.2017: *EMBARGOS DE DECLARAÇÃO CONTRA DECISÃO DA CÂMARA NO JULGAMENTO DE APELAÇÃO – DETERMINAÇÃO DE ANÁLISE PELO SUPERIOR TRIBUNAL DE JUSTIÇA, POR OCASIÃO DE JULGAMENTO DE AGRAVO EM RECURSO ESPECIAL – CONTRADIÇÃO – OCORRÊNCIA – RESPONSABILIDADE CIVIL – ERRO MÉDICO – IMPROCEDÊNCIA DA AÇÃO COM RELAÇÃO AO MÉDICO, QUE IMPLICA NA IMPROCEDÊNCIA DA AÇÃO COM RELAÇÃO AO PLANO DE SAÚDE, ANTE A RESPONSABILIDADE SOLIDÁRIA ENTRE AMBOS – EMBARGOS DE DECLARAÇÃO ACOLHIDOS, SUPRIMINDO-SE A CONTRADIÇÃO.*

[278] Redação dada pela Medida Provisória n. 2.177-44, de 2001.

[279] Redação dada pela Medida Provisória n. 2.177-44, de 2001.

[280] Redação dada pela Medida Provisória n. 2.177-44, de 2001.

CAPÍTULO IX – BREVES ANOTAÇÕES À LEI N.9.656/98

garantindo a continuação da assistência, sem ônus adicional para o consumidor.[281]

§ 4º Em caso de redimensionamento da rede hospitalar por redução, as empresas deverão solicitar à ANS autorização expressa para tanto, informando;[282-283]

I – nome da entidade a ser excluída[284]

II – capacidade operacional a ser reduzida com a exclusão[285]

III – impacto sobre a massa assistida, a partir de parâmetros definidos pela ANS, correlacionando a necessidade de leitos e a capacidade operacional restante;[286] e

IV – justificativa para a decisão, observando a obrigatoriedade de manter cobertura com padrões de qualidade equivalente e sem ônus adicional para o consumidor.[287]

Art. 17-A. As condições de prestação de serviços de atenção à saúde no âmbito dos planos privados de assistência à saúde por pessoas físicas ou jurídicas, independentemente de sua qualificação como contratadas, referenciadas ou credenciadas, serão reguladas por contrato escrito, estipulado entre a operadora do plano e o prestador de serviço.[288-289]

---

[281] Incluído pela Medida Provisória n. 2.177-44, de 2001.

[282] Lei n. 13.003/2014, alterou a Lei n. 9.656/1998, com a redação dada pela MP n. 2.177-44/2001.

[283] Incluído pela Medida Provisória n. 2.177-44, de 2001.

[284] Incluído pela Medida Provisória n. 2.177-44, de 2001.

[285] Incluído pela Medida Provisória n. 2.177-44, de 2001.

[286] Incluído pela Medida Provisória n. 2.177-44, de 2001.

[287] Incluído pela Medida Provisória n. 2.177-44, de 2001.

[288] TST, Processo E-ED-RR 1485-76.2010.5.09.0012, Rel. Min. Caputo Bastos: 1. Não se reconhece a competência desta Justiça do Trabalho para processar e julgar a ação civil pública ajuizada pelo Sindicato dos Médicos no Estado do Paraná, em que se postula o reajuste dos honorários repassados pelas operadoras dos planos de saúde, ligadas à chamada autogestão, aos médicos credenciados (...). 3. O objeto das referidas operadoras é a comercialização de planos de saúde, atuando como agentes intermediadores entre os interesses dos prestadores de serviços (médicos credenciados) e os beneficiários. 4. As operadoras de planos de saúde cobram mensalidades dos usuários, obrigando-se,

§ 1º São alcançados pelas disposições do *caput* os profissionais de saúde em prática liberal privada, na qualidade de pessoa física, e os estabelecimentos de saúde, na qualidade de pessoa jurídica, que prestem ou venham a prestar os serviços de assistência à saúde a que aludem os arts. 1º e 35-F desta Lei, no âmbito de planos privados de assistência à saúde.[290]

§ 2º O contrato de que trata o *caput* deve estabelecer com clareza as condições para a sua execução, expressas em cláusulas que definam direitos, obrigações e responsabilidades das partes, incluídas, obrigatoriamente, as que determinem;[291-292]

I – o objeto e a natureza do contrato, com descrição de todos os serviços contratados;[293]

II – a definição dos valores dos serviços contratados, dos critérios, da forma e da periodicidade do seu reajuste e dos prazos e procedimentos para faturamento e pagamento dos serviços prestados;[294]

III – a identificação dos atos, eventos e procedimentos médico-assistenciais que necessitem de autorização administrativa da operadora;[295]

IV – a vigência do contrato e os critérios e procedimentos para prorrogação, renovação e rescisão;[296]

---

por meio de contrato, a repassar aos médicos credenciados os valores devidos pelos reais tomadores de serviço – os beneficiários. 5. Verifica-se que o serviço desempenhado pelos profissionais de saúde não se dá em prol das operadoras de planos de saúde, mas sim dos usuários, não havendo que falar, portanto, em relação de trabalho para fins de atrair a competência desta Justiça Especializada para processar e julgar o feito.

[289] Incluído pela Lei n. 13.003, de 2014.

[290] Incluído pela Lei n. 13.003, de 2014.

[291] A obrigação aqui é de meio, cabendo, portanto, à operadora, zelar pela qualidade do serviço que contrata junto ao prestador, seja ele pessoa jurídica ou física, estando na órbita das suas obrigações verificar se está regularmente registrado nos órgãos de classe e com a necessária autorização sanitária para exercer suas atividades.

[292] Incluído pela Lei n. 13.003, de 2014.

[293] Incluído pela Lei n. 13.003, de 2014.

[294] Incluído pela Lei n. 13.003, de 2014.

[295] Incluído pela Lei n. 13.003, de 2014.

[296] Incluído pela Lei n. 13.003, de 2014.

CAPÍTULO IX – BREVES ANOTAÇÕES À LEI N.9.656/98

V – as penalidades pelo não cumprimento das obrigações estabelecidas.[297]

§ 3º A periodicidade do reajuste de que trata o inciso II do § 2º deste artigo será anual e realizada no prazo improrrogável de 90 (noventa) dias, contado do início de cada ano-calendário.[298]

§ 4º Na hipótese de vencido o prazo previsto no § 3º deste artigo, a Agência Nacional de Saúde Suplementar – ANS, quando for o caso, definirá o índice de reajuste.[299]

§ 5º A ANS poderá constituir, na forma da legislação vigente, câmara técnica com representação proporcional das partes envolvidas para o adequado cumprimento desta Lei.[300]

§ 6º A ANS publicará normas regulamentares sobre o disposto neste artigo. (Incluído pela Lei n. 13.003, de 2014).

Art. 18. A aceitação, por parte de qualquer prestador de serviço ou profissional de saúde, da condição de contratado, referenciado, credenciado ou cooperado de uma operadora de produtos de que tratam o inciso I e o § 1º do art. 1º desta Lei implica as seguintes obrigações e direitos;[301-302]

I – o consumidor de determinada operadora, em nenhuma hipótese e sob nenhum pretexto ou alegação, pode ser discriminado ou atendido de forma distinta daquela dispensada aos clientes vinculados a outra operadora ou plano;[303]

---

[297] Incluído pela Lei n. 13.003, de 2014.

[298] Incluído pela Lei n. 13.003, de 2014.

[299] Incluído pela Lei n. 13.003, de 2014.

[300] Incluído pela Lei n. 13.003, de 2014.

[301] Nenhuma pessoa jurídica ou física é obrigada a estar credenciada para prestar serviços junto à operadora, mas uma vez firmado o contrato de credenciamento o atendimento ao beneficiário da operadora torna-se obrigatório, na forma estipulada, não havendo, portanto, possibilidade de recusa ou qualquer modalidade de tratamento diferenciado.

[302] Incluído pela Lei n. 13.003, de 2014.

[303] Vale dizer, o tratamento diferenciado em relação a outro beneficiário de outra operadora importa em infração à regra contratual, sujeitando o infrator ao pagamento dos danos daí decorrentes, inclusive de natureza moral, não estando incluídos nessa hipótese os paradigmas relacionados com os clientes particulares do prestador.

II – a marcação de consultas, exames e quaisquer outros procedimentos deve ser feita de forma a atender às necessidades dos consumidores, privilegiando os casos de emergência ou urgência, assim como as pessoas com mais de sessenta e cinco anos de idade, as gestantes, lactantes, lactentes e crianças até cinco anos;

III – a manutenção de relacionamento de contratação, credenciamento ou referenciamento com número ilimitado de operadoras, sendo expressamente vedado às operadoras, independente de sua natureza jurídica constitutiva, impor contratos de exclusividade ou de restrição à atividade profissional.[304-305]

Parágrafo único. A partir de 3 de dezembro de 1999, os prestadores de serviço ou profissionais de saúde não poderão manter contrato, credenciamento ou referenciamento com operadoras que não tiverem registros para funcionamento e comercialização conforme previsto nesta Lei, sob pena de responsabilidade por atividade irregular.[306-307]

Art. 19. Para requerer a autorização definitiva de funcionamento, as pessoas jurídicas que já atuavam como operadoras ou administradoras dos produtos de que tratam o inciso I e o § 1º do art. 1º desta Lei, terão prazo de cento e oitenta dias, a partir da publicação da regulamentação específica pela ANS.[308-309-310]

---

[304] A vedação da exigência de exclusividade milita contra a hipótese de se vislumbrar relação de trabalho entre as operadoras e as pessoas físicas dos prestadores, isoladamente ou vinculados a alguma prestadora pessoa jurídica. Essa hipótese somente poderá se concretizar quando o prestador sujeitar-se voluntariamente à exclusividade na prestação dos seus serviços para a operadora.

[305] Redação dada pela Medida Provisória n. 2.177-44, de 2001.

[306] A inobservância dessa regra poderá caracterizar infração de natureza ética, sujeitando o infrator a responder junto ao conselho profissional.

[307] Incluído pela Medida Provisória n. 2.177-44, de 2001.

[308] Todo o texto do artigo e incisos e parágrafos tem a redação dada pela Medida Provisória n. 2.177-44, de 2001.

[309] O tema dos art. 19, e parágrafos 1º, 2º, 3º, 4º e 6º, com as alterações da Medida Provisória n. 2.177-44/2001, são objeto da ADI n. 1.931/DF, ainda em curso no STF, Rel. Min. Marco Aurélio, conforme anotado no relatório: Articula com o enquadramento o enquadramento das empresas de planos de saúde na categoria de seguradoras, pois cabe a elas a cobertura dos custos de assistência médico-hospitalar, tal como ocorre com as operadoras de seguros privados de saúde. Sustenta a inconstitucionalidade formal dos diplomas impugnados. Consoante argumenta, a disciplina do funcionamento de estabelecimentos de seguros e do respectivo órgão oficial de fiscalização exige lei complementar, nos termos do artigo 192, inciso II, do Texto Maior, a revelar a

CAPÍTULO IX – BREVES ANOTAÇÕES À LEI N.9.656/98

§ 1º Até que sejam expedidas as normas de registro, serão mantidos registros provisórios das pessoas jurídicas e dos produtos na ANS, com a finalidade de autorizar a comercialização ou operação dos produtos a que alude o *caput*, a partir de 2 de janeiro de 1999.

§ 2º Para o registro provisório, as operadoras ou administradoras dos produtos a que alude o *caput* deverão apresentar à ANS as informações requeridas e os seguintes documentos, independentemente de outros que venham a ser exigidos:[311]

I – registro do instrumento de constituição da pessoa jurídica;

II – nome fantasia;

III – CNPJ;

IV – endereço;

V – telefone, fax e e-mail; e

VI – principais dirigentes da pessoa jurídica e nome dos cargos que ocupam.

§ 3º Para registro provisório dos produtos a serem comercializados, deverão ser apresentados à ANS os seguintes dados:[312]

---

impropriedade da lei ordinária e da medida provisória em jogo. Caso não se reconheça a inconstitucionalidade, por vício formal, da íntegra das duas normas, pleiteia seja assim declarada, ao menos, no que diz respeito aos dispositivos abaixo transcritos, relacionados com a autorização e o funcionamento dessas entidades, bem assim do órgão fiscalizador.

[310] O autor da ADI n. 1.931/DF, ainda em curso no STF, Rel. Min. Marco Aurélio, conforme anotado no relatório, em 27 de setembro de 1999, editou mais uma vez a inicial em razão da edição da MP 1.908-18/1999, esclarecendo estar prejudicado o pedido de declaração de inconstitucionalidade formal dos diplomas impugnados em face do artigo 192 da Carta Federal. Aduziu ter o novo ato normativo alterado substancialmente a sistemática de autorização, funcionamento e fiscalização das empresas de planos de saúde.

[311] Vale referir que a Medida Provisória n. 1.801-11/1999 ampliou a reedição, sem modificações significativas, da Medida Provisória n. 1.730-7/1998, nos seguintes termos: (...) c) exclusão das operadoras de seguros e inclusão das administradoras de planos na hipótese do §2º do art. 19.

A MP 1.801-12/1999 foi reeditada com registros 1.801-13/1999, 1.801-14/1999, 1.801-14/1999, 1.801-15/1999 e 1.801-16/1999.

[312] Vale referir que a Medida Provisória n. 1.801-11/1999 ampliou a reedição, sem modificações significativas, da Medida Provisória n. 1.730-7/1998, nos seguintes termos:

I – razão social da operadora ou da administradora;

II – CNPJ da operadora ou da administradora;

III – nome do produto;

IV – segmentação da assistência (ambulatorial, hospitalar com obstetrícia, hospitalar sem obstetrícia, odontológica e referência);

V – tipo de contratação (individual/familiar, coletivo empresarial e coletivo por adesão);

VI – âmbito geográfico de cobertura;

VII – faixas etárias e respectivos preços;

VIII – rede hospitalar própria por Município (para segmentações hospitalar e referência);

IX – rede hospitalar contratada ou referenciada por Município (para segmentações hospitalar e referência);[313]

X – outros documentos e informações que venham a ser solicitados pela ANS.

§ 4º Os procedimentos administrativos para registro provisório dos produtos serão tratados em norma específica da ANS.

§ 5º Independentemente do cumprimento, por parte da operadora, das formalidades do registro provisório, ou da conformidade dos textos das condições gerais ou dos instrumentos contratuais, ficam garantidos, a todos os usuários de produtos a que alude o *caput*, contratados a partir de 2 de janeiro de 1999, todos os benefícios de acesso e cobertura

---

(...) d) inclusão, nos incisos I e II do §3º do artigo 19, da expressão "ou da administradora". A MP 1.801-12/1999 foi reeditada com registros 1.801-13/1999, 1.801-14/1999, 1.801-14/1999, 1.801-15/1999 e 1.801-16/1999.

[313] O autor da ADI n. 1.931/DF, ainda em curso no STF, Rel. Min. Marco Aurélio, conforme anotado no relatório, em 27 de setembro de 1999, editou mais uma vez a inicial em razão da edição da MP 1.908-1/1999, informando: Adicionou-se ao artigo 19, §3º, inciso IX, da Lei n. 9.656/1998 a expressão "ou referenciados", após, respectivamente, os termos "serviços próprios" e "rede hospitalar contratada".

CAPÍTULO IX – BREVES ANOTAÇÕES À LEI N.9.656/98

previstos nesta Lei e em seus regulamentos, para cada segmentação definida no art. 12.[314-315]

§ 6º O não cumprimento do disposto neste artigo implica o pagamento de multa diária no valor de R$ 10.000,00 (dez mil reais) aplicada às operadoras dos produtos de que tratam o inciso I e o § 1º do art. 1º.

§ 7º As pessoas jurídicas que forem iniciar operação de comercialização de planos privados de assistência à saúde, a partir de 8 de dezembro de 1998, estão sujeitas aos registros de que trata o § 1º deste artigo.

Art. 20. As operadoras de produtos de que tratam o inciso I e o § 1º do art. 1º desta Lei são obrigadas a fornecer, periodicamente, à ANS todas as informações e estatísticas relativas as suas atividades, incluídas as de natureza cadastral, especialmente aquelas que permitam a identificação dos consumidores e de seus dependentes, incluindo seus nomes, inscrições no Cadastro de Pessoas Físicas dos titulares e Municípios onde residem, para fins do disposto no art. 32.[316] [317]

---

[314] O tema do art. 19º, § 5º, com as modificações da Medida Provisória n. 1.730-7/1998, é objeto da ADI n. 1.931/DF, ainda em curso no STF, Rel. Min. Marco Aurélio, conforme anotado no relatório, ao referir que o autor argui a inconstitucionalidade por ofensa ao devido processo legal substantivo: pois impõe à operadora que oferte ao consumidor todos os benefícios de acesso e cobertura, independentemente do cadastramento e registro provisórios da entidade perante a Agência Nacional de Saúde Suplementar.

[315] Vale referir que a Medida Provisória n. 1.801-11/1999 ampliou a reedição, sem modificações significativas, da Medida Provisória n. 1.730-7/1998, nos seguintes termos: (...) e) exclusão, do §5º do artigo 19, da expressão "de cadastramento".
A MP 1.801-12/1999 foi reeditada com registros 1.801-13/1999, 1.801-14/1999, 1.801-14/1999, 1.801-15/1999 e 1.801-16/1999.

[316] Redação dada pela Medida Provisória n. 2.177-44, de 2001.

[317] O tema do art. 20º, parágrafos 1º e 2º, com as alterações da Medida Provisória n. 1.730-7/1998, é objeto da ADI n. 1.931/DF, ainda em curso no STF, Rel. Min. Marco Aurélio, conforme anotado no relatório: Articula com o enquadramento o enquadramento das empresas de planos de saúde na categoria de seguradoras, pois cabe a elas a cobertura dos custos de assistência médico-hospitalar, tal como ocorre com as operadoras de seguros privados de saúde. Sustenta a inconstitucionalidade formal dos diplomas impugnados. Consoante argumenta, a disciplina do funcionamento de estabelecimentos de seguros e do respectivo órgão oficial de fiscalização exige lei complementar, nos termos do artigo 192, inciso II, do Texto Maior, a revelar a impropriedade da lei ordinária e da medida provisória em jogo. Caso não se reconheça

§ 1º Os agentes, especialmente designados pela ANS, para o exercício das atividades de fiscalização e nos limites por ela estabelecidos, têm livre acesso às operadoras, podendo requisitar e apreender processos, contratos, manuais de rotina operacional e demais documentos, relativos aos produtos de que tratam o inciso I e o § 1º do art. 1º desta Lei.[318]

§ 2º Caracteriza-se como embaraço à fiscalização, sujeito às penas previstas na lei, a imposição de qualquer dificuldade à consecução dos objetivos da fiscalização, de que trata o § 1º deste artigo.[319]

Art. 21. É vedado às operadoras de planos privados de assistência à saúde realizar quaisquer operações financeiras:

I – com seus diretores e membros dos conselhos administrativos, consultivos, fiscais ou assemelhados, bem como com os respectivos cônjuges e parentes até o segundo grau, inclusive;

II – com empresa de que participem as pessoas a que se refere o inciso I, desde que estas sejam, em conjunto ou isoladamente, consideradas como controladoras da empresa.[320-321]

Art. 22. As operadoras de planos privados de assistência à saúde submeterão suas contas a auditores independentes, registrados no respectivo Conselho Regional de Contabilidade e na Comissão de Valores Mobiliários – CVM,

---

a inconstitucionalidade, por vício formal, da íntegra das duas normas, pleiteia seja assim declarada, ao menos, no que diz respeito aos dispositivos abaixo transcritos, relacionados com a autorização e o funcionamento dessas entidades, bem assim do órgão fiscalizador.

[318] Renumerado pela Medida Provisória n. 2.177-44, de 2001.

[319] Incluído pela Medida Provisória n. 2.177-44, de 2001.

[320] Redação dada pela Medida Provisória n. 2.177-44, de 2001.

[321] O tema do art. 21º, incisos I e II, com as modificações da Medida Provisória n. 2.177-44/2001, é objeto da ADI n. 1.931/DF, ainda em curso no STF, Rel. Min. Marco Aurélio, conforme anotado no relatório: Articula com o enquadramento o enquadramento das empresas de planos de saúde na categoria de seguradoras, pois cabe a elas a cobertura dos custos de assistência médico-hospitalar, tal como ocorre com as operadoras de seguros privados de saúde. Sustenta a inconstitucionalidade formal dos diplomas impugnados. Consoante argumenta, a disciplina do funcionamento de estabelecimentos de seguros e do respectivo órgão oficial de fiscalização exige lei complementar, nos termos do artigo 192, inciso II, do Texto Maior, a revelar a impropriedade da lei ordinária e da medida provisória em jogo. Caso não se reconheça a inconstitucionalidade, por vício formal, da íntegra das duas normas, pleiteia seja assim

CAPÍTULO IX – BREVES ANOTAÇÕES À LEI N.9.656/98

publicando, anualmente, o parecer respectivo, juntamente com as demonstrações financeiras determinadas pela Lei n. 6.404, de 15 de dezembro de 1976.[322]

§ 1º A auditoria independente também poderá ser exigida quanto aos cálculos atuariais, elaborados segundo diretrizes gerais definidas pelo CONSU.[323]

§ 2º As operadoras com número de beneficiários inferior a vinte mil usuários ficam dispensadas da publicação do parecer do auditor e das demonstrações financeiras, devendo, a ANS, dar-lhes publicidade.[324-325]

Art. 23. As operadoras de planos privados de assistência à saúde não podem requerer concordata e não estão sujeitas a falência ou insolvência civil, mas tão-somente ao regime de liquidação extrajudicial.[326-327]

---

declarada, ao menos, no que diz respeito aos dispositivos abaixo transcritos, relacionados com a autorização e o funcionamento dessas entidades, bem assim do órgão fiscalizador.

[322] O tema do art. 22, cabeça e parágrafo único, objeto da ADI n. 1.931/DF, ainda em curso no STF, Rel. Min. Marco Aurélio, conforme anotado no relatório: Articula com o enquadramento o enquadramento das empresas de planos de saúde na categoria de seguradoras, pois cabe a elas a cobertura dos custos de assistência médico-hospitalar, tal como ocorre com as operadoras de seguros privados de saúde. Sustenta a inconstitucionalidade formal dos diplomas impugnados. Consoante argumenta, a disciplina do funcionamento de estabelecimentos de seguros e do respectivo órgão oficial de fiscalização exige lei complementar, nos termos do artigo 192, inciso II, do Texto Maior, a revelar a impropriedade da lei ordinária e da medida provisória em jogo. Caso não se reconheça a inconstitucionalidade, por vício formal, da íntegra das duas normas, pleiteia seja assim declarada, ao menos, no que diz respeito aos dispositivos abaixo transcritos, relacionados com a autorização e o funcionamento dessas entidades, bem assim do órgão fiscalizador.

[323] Renumerado pela Medida Provisória n. 2.177-44, de 2001.

[324] ANSS, RN n. 274, de 20.11.2011: *Estabelece tratamento diferenciado para pequenas e médias operadoras de planos privados de assistência à saúde; dispõe sobre novas regras regulatórias aplicáveis a todas as operadoras de planos privados de assistência à saúde; altera as Resoluções Normativas – RN n. 48, de 19 de setembro de 2003, RN n. 159, de 3 de julho de 2007, RN n. 171, de 29 de abril de 2008, RN n. 172, de 8 de julho de 2008, RN n. 173, de 10 de julho de 2008, RN n. 205, de 8 de outubro de 2009, RN n. 206, de 2 de dezembro de 2009, RN n. 209, de 2 de dezembro de 2010, RN n. 227, de 19 de agosto de 2010; e altera a Instrução Normativa da Diretoria de Normas e Habilitação dos Produtos – IN/DIPRO n. 13, de 21 de julho.*

[325] Incluído pela Medida Provisória n. 2.177-44, de 2001.

[326] Redação dada pela Medida Provisória n. 2.177-44, de 2001

[327] O tema objeto da ADI n. 1.931/DF, ainda em curso no STF, Rel. Min. Marco Aurélio, conforme anotado no relatório: Articula com o enquadramento o

§ 1º As operadoras sujeitar-se-ão ao regime de falência ou insolvência civil quando, no curso da liquidação extrajudicial, forem verificadas uma das seguintes hipóteses:[328]

I – o ativo da massa liquidanda não for suficiente para o pagamento de pelo menos a metade dos créditos quirografários;

II – o ativo realizável da massa liquidanda não for suficiente, sequer, para o pagamento das despesas administrativas e operacionais inerentes ao regular processamento da liquidação extrajudicial; ou

III – nas hipóteses de fundados indícios de condutas previstas nos arts. 186 a 189 do Decreto-Lei n. 7.661, de 21 de junho de 1945.

§ 2º Para efeito desta Lei, define-se ativo realizável como sendo todo ativo que possa ser convertido em moeda corrente em prazo compatível para o pagamento das despesas administrativas e operacionais da massa liquidanda.[329]

§ 3º À vista do relatório do liquidante extrajudicial, e em se verificando qualquer uma das hipóteses previstas nos incisos I, II ou III do § 1º deste artigo, a ANS poderá autorizá-lo a requerer a falência ou insolvência civil da operadora.[330]

§ 4º A distribuição do requerimento produzirá imediatamente os seguintes efeitos:[331]

I – a manutenção da suspensão dos prazos judiciais em relação à massa liquidanda; (Incluído pela Medida);

---

enquadramento das empresas de planos de saúde na categoria de seguradoras, pois cabe a elas a cobertura dos custos de assistência médico-hospitalar, tal como ocorre com as operadoras de seguros privados de saúde. Sustenta a inconstitucionalidade formal dos diplomas impugnados. Consoante argumenta, a disciplina do funcionamento de estabelecimentos de seguros e do respectivo órgão oficial de fiscalização exige lei complementar, nos termos do artigo 192, inciso II, do Texto Maior, a revelar a impropriedade da lei ordinária e da medida provisória em jogo. Caso não se reconheça a inconstitucionalidade, por vício formal, da íntegra das duas normas, pleiteia seja assim declarada, ao menos, no que diz respeito aos dispositivos abaixo transcritos, relacionados com a autorização e o funcionamento dessas entidades, bem assim do órgão fiscalizador.

[328] Parágrafo e incisos incluídos pela Medida Provisória n. 2.177-44, de 2001.
[329] Incluído pela Medida Provisória n. 2.177-44, de 2001.
[330] Incluído pela Medida Provisória n. 2.177-44, de 2001.
[331] Parágrafo e incisos incluídos pela Medida Provisória n. 2.177-44, de 2001.

CAPÍTULO IX – BREVES ANOTAÇÕES À LEI N.9.656/98

II – a suspensão dos procedimentos administrativos de liquidação extrajudicial, salvo os relativos à guarda e à proteção dos bens e imóveis da massa;

III – a manutenção da indisponibilidade dos bens dos administradores, gerentes, conselheiros e assemelhados, até posterior determinação judicial; e

IV – prevenção do juízo que emitir o primeiro despacho em relação ao pedido de conversão do regime.

§ 5º A ANS, no caso previsto no inciso II do § 1º deste artigo, poderá, no período compreendido entre a distribuição do requerimento e a decretação da falência ou insolvência civil, apoiar a proteção dos bens móveis e imóveis da massa liquidanda.[332]

§ 6º O liquidante enviará ao juízo prevento o rol das ações judiciais em curso cujo andamento ficará suspenso até que o juiz competente nomeie o síndico da massa falida ou o liquidante da massa insolvente.[333]

Art. 24. Sempre que detectadas nas operadoras sujeitas à disciplina desta Lei insuficiência das garantias do equilíbrio financeiro, anormalidades econômico-financeiras ou administrativas graves que coloquem em risco a continuidade ou a qualidade do atendimento à saúde, a ANS poderá determinar a alienação da carteira, o regime de direção fiscal ou técnica, por prazo não superior a trezentos e sessenta e cinco dias, ou a liquidação extrajudicial, conforme a gravidade do caso.[334-335-336]

---

[332] Incluído pela Medida Provisória n. 2.177-44, de 2001.

[333] Incluído pela Medida Provisória n. 2.177-44, de 2001.

[334] Artigo, parágrafo e incisos com redação dada pela Medida Provisória n. 2.177-44, de 2001.

[335] O tema dos arts. 24º, e respectivos parágrafos, é objeto da ADI n. 1.931/DF, ainda em curso no STF, Rel. Min. Marco Aurélio, conforme anotado no relatório: Articula com o enquadramento o enquadramento das empresas de planos de saúde na categoria de seguradoras, pois cabe a elas a cobertura dos custos de assistência médico-hospitalar, tal como ocorre com as operadoras de seguros privados de saúde. Sustenta a inconstitucionalidade formal dos diplomas impugnados. Consoante argumenta, a disciplina do funcionamento de estabelecimentos de seguros e do respectivo órgão oficial de fiscalização exige lei complementar, nos termos do artigo 192, inciso II, do Texto Maior, a revelar a impropriedade da lei ordinária e da medida provisória em jogo. Caso não se reconheça a inconstitucionalidade, por vício formal, da íntegra das duas normas, pleiteia seja assim declarada, ao menos, no que diz respeito aos dispositivos

§ 1º O descumprimento das determinações do diretor-fiscal ou técnico, e do liquidante, por dirigentes, administradores, conselheiros ou empregados da operadora de planos privados de assistência à saúde acarretará o imediato afastamento do infrator, por decisão da ANS, sem prejuízo das sanções penais cabíveis, assegurado o direito ao contraditório, sem que isto implique efeito suspensivo da decisão administrativa que determinou o afastamento.

§ 2º A ANS, *ex officio* ou por recomendação do diretor técnico ou fiscal ou do liquidante, poderá, em ato administrativo devidamente motivado, determinar o afastamento dos diretores, administradores, gerentes e membros do conselho fiscal da operadora sob regime de direção ou em liquidação.

§ 3º No prazo que lhe for designado, o diretor-fiscal ou técnico procederá à análise da organização administrativa e da situação econômico-financeira da operadora, bem assim da qualidade do atendimento aos consumidores, e proporá à ANS as medidas cabíveis.

§ 4º O diretor-fiscal ou técnico poderá propor a transformação do regime de direção em liquidação extrajudicial. (Redação dada pela Medida Provisória n. 2.177-44, de 2001)

§ 5º A ANS promoverá, no prazo máximo de noventa dias, a alienação da carteira das operadoras de planos privados de assistência à saúde, no caso de não surtirem efeito as medidas por ela determinadas para sanar as irregularidades ou nas situações que impliquem risco para os consumidores participantes da carteira.

Art. 24-A. Os administradores das operadoras de planos privados de assistência à saúde em regime de direção fiscal ou liquidação extrajudicial, independentemente da natureza jurídica da operadora, ficarão com todos os seus bens indisponíveis, não podendo, por qualquer forma, direta ou indireta, aliená-los ou onerá-los, até apuração e liquidação final de suas responsabilidades.[337]

---

abaixo transcritos, relacionados com a autorização e o funcionamento dessas entidades, bem assim do órgão fiscalizador.

[336] Ver Resolução Normativa n. 145/2007, artigos 3º, 6º e 21º.

[337] Artigo, parágrafos e incisos incluídos pela Medida Provisória n. 2.177-44, de 2001.

CAPÍTULO IX – BREVES ANOTAÇÕES À LEI N.9.656/98

§ 1º A indisponibilidade prevista neste artigo decorre do ato que decretar a direção fiscal ou a liquidação extrajudicial e atinge a todos aqueles que tenham estado no exercício das funções nos doze meses anteriores ao mesmo ato.

§ 2º Na hipótese de regime de direção fiscal, a indisponibilidade de bens a que se refere o *caput* deste artigo poderá não alcançar os bens dos administradores, por deliberação expressa da Diretoria Colegiada da ANS.

§ 3º A ANS, *ex officio* ou por recomendação do diretor fiscal ou do liquidante, poderá estender a indisponibilidade prevista neste artigo:

I – aos bens de gerentes, conselheiros e aos de todos aqueles que tenham concorrido, no período previsto no § 1º, para a decretação da direção fiscal ou da liquidação extrajudicial;

II – aos bens adquiridos, a qualquer título, por terceiros, no período previsto no § 1º, das pessoas referidas no inciso I, desde que configurada fraude na transferência.

§ 4º Não se incluem nas disposições deste artigo os bens considerados inalienáveis ou impenhoráveis pela legislação em vigor.

§ 5º A indisponibilidade também não alcança os bens objeto de contrato de alienação, de promessa de compra e venda, de cessão ou promessa de cessão de direitos, desde que os respectivos instrumentos tenham sido levados ao competente registro público, anteriormente à data da decretação da direção fiscal ou da liquidação extrajudicial.

§ 6º Os administradores das operadoras de planos privados de assistência à saúde respondem solidariamente pelas obrigações por eles assumidas durante sua gestão até o montante dos prejuízos causados, independentemente do nexo de causalidade.

Art. 24-B. A Diretoria Colegiada definirá as atribuições e competências do diretor técnico, diretor fiscal e do responsável pela alienação de carteira, podendo ampliá-las, se necessário.[338]

---

[338] Incluído pela Medida Provisória n. 2.177-44, de 2001.

Art. 24-C. Os créditos decorrentes da prestação de serviços de assistência privada à saúde preferem a todos os demais, exceto os de natureza trabalhista e tributários.[339]

Art. 24-D. Aplica-se à liquidação extrajudicial das operadoras de planos privados de assistência à saúde e ao disposto nos arts. 24-A e 35-I, no que couber com os preceitos desta Lei, o disposto na Lei n. 6.024, de 13 de março de 1974, no Decreto-Lei n. 7.661, de 21 de junho de 1945, no Decreto-Lei n. 41, de 18 de novembro de 1966, e no Decreto-Lei n. 73, de 21 de novembro de 1966, conforme o que dispuser a ANS.[340]

Art. 25. As infrações dos dispositivos desta Lei e de seus regulamentos, bem como aos dispositivos dos contratos firmados, a qualquer tempo, entre operadoras e usuários de planos privados de assistência à saúde, sujeitam a operadora dos produtos de que tratam o inciso I e o § 1º do art. 1º desta Lei, seus administradores, membros de conselhos administrativos, deliberativos, consultivos, fiscais e assemelhados às seguintes penalidades, sem prejuízo de outras estabelecidas na legislação vigente:[341-342-343]

---

[339] Incluído pela Medida Provisória n. 2.177-44, de 2001.

[340] Incluído pela Medida Provisória n. 2.177-44, de 2001.

[341] Instrução Normativa n. 62, de 12.02.2016: Regulamenta o tratamento dispensado às reclamações, solicitações de providências ou petições assemelhadas, doravante denominadas demandas, que, por qualquer meio, forem recebidas pela DIDES, relacionadas às Resoluções Normativas n. 363, de 11 de dezembro de 2014, n. 364, de 11 de dezembro de 2014, e n. 365, de 11 de dezembro de 2014.

[342] Redação dada pela Medida Provisória n. 2.177-44, de 2001.

[343] O tema do art. 25º, com as modificações da Medida Provisória n. 1.730-7/1998, é objeto da ADI n. 1.931/DF, ainda em curso no STF, Rel. Min. Marco Aurélio, conforme anotado no relatório: Articula com o enquadramento o enquadramento das empresas de planos de saúde na categoria de seguradoras, pois cabe a elas a cobertura dos custos de assistência médico-hospitalar, tal como ocorre com as operadoras de seguros privados de saúde. Sustenta a inconstitucionalidade formal dos diplomas impugnados. Consoante argumenta, a disciplina do funcionamento de estabelecimentos de seguros e do respectivo órgão oficial de fiscalização exige lei complementar, nos termos do artigo 192, inciso II, do Texto Maior, a revelar a impropriedade da lei ordinária e da medida provisória em jogo. Caso não se reconheça a inconstitucionalidade, por vício formal, da íntegra das duas normas, pleiteia seja assim declarada, ao menos, no que diz respeito aos dispositivos abaixo transcritos, relacionados com a autorização e o funcionamento dessas entidades, bem assim do órgão fiscalizador.

CAPÍTULO IX - BREVES ANOTAÇÕES À LEI N.9.656/98

I – advertência;

II – multa pecuniária;

III – suspensão do exercício do cargo;

IV – inabilitação temporária para exercício de cargos em operadoras de planos de assistência à saúde; (Redação dada pela Medida Provisória n. 2.177-44, de 2001)

V – inabilitação permanente para exercício de cargos de direção ou em conselhos das operadoras a que se refere esta Lei, bem como em entidades de previdência privada, sociedades seguradoras, corretoras de seguros e instituições financeiras.

VI – cancelamento da autorização de funcionamento e alienação da carteira da operadora. (Incluído pela Medida Provisória n. 2.177-44, de 2001)

Art. 26. Os administradores e membros dos conselhos administrativos, deliberativos, consultivos, fiscais e assemelhados das operadoras de que trata esta Lei respondem solidariamente pelos prejuízos causados a terceiros, inclusive aos acionistas, cotistas, cooperados e consumidores de planos privados de assistência à saúde, conforme o caso, em consequência do descumprimento de leis, normas e instruções referentes às operações previstas na legislação e, em especial, pela falta de constituição e cobertura das garantias obrigatórias.[344-345]

---

[344] Redação dada pela Medida Provisória n. 2.177-44, de 2001.

[345] O tema do art. 26, e inciso I, e §1º do artigo 35-H, na versão da Medida Provisória n. 1.730-7/1998, é objeto da ADI n. 1.931/DF, ainda em curso no STF, Rel. Min. Marco Aurélio, conforme anotado no relatório: Articula com o enquadramento o enquadramento das empresas de planos de saúde na categoria de seguradoras, pois cabe a elas a cobertura dos custos de assistência médico-hospitalar, tal como ocorre com as operadoras de seguros privados de saúde. Sustenta a inconstitucionalidade formal dos diplomas impugnados. Consoante argumenta, a disciplina do funcionamento de estabelecimentos de seguros e do respectivo órgão oficial de fiscalização exige lei complementar, nos termos do artigo 192, inciso II, do Texto Maior, a revelar a impropriedade da lei ordinária e da medida provisória em jogo. Caso não se reconheça a inconstitucionalidade, por vício formal, da íntegra das duas normas, pleiteia seja assim declarada, ao menos, no que diz respeito aos dispositivos abaixo transcritos, relacionados com a autorização e o funcionamento dessas entidades, bem assim do órgão fiscalizador.

Art. 27. A multa de que trata o art. 25 será fixada e aplicada pela ANS no âmbito de suas atribuições, com valor não inferior a R$ 5.000,00 (cinco mil reais) e não superior a R$ 1.000.000,00 (um milhão de reais) de acordo com o porte econômico da operadora ou prestadora de serviço e a gravidade da infração, ressalvado o disposto no § 6º do art. 19.[346-347]

Art. 28. (Revogado pela Medida Provisória n. 2.177-44, de 2001)[348]

Art. 29. As infrações serão apuradas mediante processo administrativo que tenha por base o auto de infração, a representação ou a denúncia positiva dos fatos irregulares, cabendo à ANS dispor sobre normas para instauração, recursos e seus efeitos, instâncias e prazos.[349]

---

[346] Redação dada pela Medida Provisória n. 2.177-44, de 2001.

[347] O tema do art. 27º, com as modificações da Medida Provisória n. 1.730-7/1998, é objeto da ADI n. 1.931/DF, ainda em curso no STF, Rel. Min. Marco Aurélio, conforme anotado no relatório: Articula com o enquadramento o enquadramento das empresas de planos de saúde na categoria de seguradoras, pois cabe a elas a cobertura dos custos de assistência médico-hospitalar, tal como ocorre com as operadoras de seguros privados de saúde. Sustenta a inconstitucionalidade formal dos diplomas impugnados. Consoante argumenta, a disciplina do funcionamento de estabelecimentos de seguros e do respectivo órgão oficial de fiscalização exige lei complementar, nos termos do artigo 192, inciso II, do Texto Maior, a revelar a impropriedade da lei ordinária e da medida provisória em jogo. Caso não se reconheça a inconstitucionalidade, por vício formal, da íntegra das duas normas, pleiteia seja assim declarada, ao menos, no que diz respeito aos dispositivos abaixo transcritos, relacionados com a autorização e o funcionamento dessas entidades, bem assim do órgão fiscalizador.

[348] O tema objeto da ADI n. 1.931/DF, ainda em curso no STF, Rel. Min. Marco Aurélio, conforme anotado no relatório: Articula com o enquadramento o enquadramento das empresas de planos de saúde na categoria de seguradoras, pois cabe a elas a cobertura dos custos de assistência médico-hospitalar, tal como ocorre com as operadoras de seguros privados de saúde. Sustenta a inconstitucionalidade formal dos diplomas impugnados. Consoante argumenta, a disciplina do funcionamento de estabelecimentos de seguros e do respectivo órgão oficial de fiscalização exige lei complementar, nos termos do artigo 192, inciso II, do Texto Maior, a revelar a impropriedade da lei ordinária e da medida provisória em jogo. Caso não se reconheça a inconstitucionalidade, por vício formal, da íntegra das duas normas, pleiteia seja assim declarada, ao menos, no que diz respeito aos dispositivos abaixo transcritos, relacionados com a autorização e o funcionamento dessas entidades, bem assim do órgão fiscalizador.

[349] Artigo com redação dada pela Medica Provisória n. 2.177-44, de 2001, e parágrafos e incisos com redação dada pela mesma MP.

CAPÍTULO IX – BREVES ANOTAÇÕES À LEI N.9.656/98

§ 1º O processo administrativo, antes de aplicada a penalidade, poderá, a título excepcional, ser suspenso, pela ANS, se a operadora ou prestadora de serviço assinar termo de compromisso de ajuste de conduta, perante a diretoria colegiada, que terá eficácia de título executivo extrajudicial, obrigando-se a: (Incluído pela Medida Provisória n. 2.177-44, de 2001)

I – cessar a prática de atividades ou atos objetos da apuração; e

II – corrigir as irregularidades, inclusive indenizando os prejuízos delas decorrentes.

§ 2º O termo de compromisso de ajuste de conduta conterá, necessariamente, as seguintes cláusulas:

I – obrigações do compromissário de fazer cessar a prática objeto da apuração, no prazo estabelecido;

II – valor da multa a ser imposta no caso de descumprimento, não inferior a R$ 5.000,00 (cinco mil reais) e não superior a R$ 1.000.000,00 (um milhão de reais) de acordo com o porte econômico da operadora ou da prestadora de serviço.

§ 3º A assinatura do termo de compromisso de ajuste de conduta não importa confissão do compromissário quanto à matéria de fato, nem reconhecimento de ilicitude da conduta em apuração.

§ 4º O descumprimento do termo de compromisso de ajuste de conduta, sem prejuízo da aplicação da multa a que se refere o inciso II do § 2º, acarreta a revogação da suspensão do processo.

§ 5º Cumpridas as obrigações assumidas no termo de compromisso de ajuste de conduta, será extinto o processo.

§ 6º Suspende-se a prescrição durante a vigência do termo de compromisso de ajuste de conduta.

§ 7º Não poderá ser firmado termo de compromisso de ajuste de conduta quando tiver havido descumprimento de outro termo de compromisso de ajuste de conduta nos termos desta Lei, dentro do prazo de dois anos.

§ 8º O termo de compromisso de ajuste de conduta deverá ser publicado no Diário Oficial da União.

§ 9º A ANS regulamentará a aplicação do disposto nos §§ 1º a 7º deste artigo.

Art. 29-A. A ANS poderá celebrar com as operadoras termo de compromisso, quando houver interesse na implementação de práticas que consistam em vantagens para os consumidores, com vistas a assegurar a manutenção da qualidade dos serviços de assistência à saúde.[350-351]

§ 1º O termo de compromisso referido no *caput* não poderá implicar restrição de direitos do usuário.

§ 2º Na definição do termo de que trata este artigo serão considerados os critérios de aferição e controle da qualidade dos serviços a serem oferecidos pelas operadoras.

§ 3º O descumprimento injustificado do termo de compromisso poderá importar na aplicação da penalidade de multa a que se refere o inciso II, § 2º, do art. 29 desta Lei.

Art. 30. Ao consumidor que contribuir para produtos de que tratam o inciso I e o § 1º do art. 1º desta Lei, em decorrência de vínculo empregatício, no caso de rescisão ou exoneração do contrato de trabalho sem justa causa, é assegurado o direito de manter sua condição de beneficiário, nas mesmas condições de cobertura assistencial de que gozava quando da vigência do contrato de trabalho, desde que assuma o seu pagamento integral.[352-353-354-355-356]

---

[350] Artigo e parágrafos incluídos pela Medida Provisória n. 2.177-44, de 2001.

[351] O tema, com as modificações da Medida Provisória n. 1.730-7/1998, é objeto da ADI n. 1.931/DF, ainda em curso no STF, Rel. Min. Marco Aurélio, conforme anotado no relatório: Articula com o enquadramento o enquadramento das empresas de planos de saúde na categoria de seguradoras, pois cabe a elas a cobertura dos custos de assistência médico-hospitalar, tal como ocorre com as operadoras de seguros privados de saúde. Sustenta a inconstitucionalidade formal dos diplomas impugnados. Consoante argumenta, a disciplina do funcionamento de estabelecimentos de seguros e do respectivo órgão oficial de fiscalização exige lei complementar, nos termos do artigo 192, inciso II, do Texto Maior, a revelar a impropriedade da lei ordinária e da medida provisória em jogo. Caso não se reconheça a inconstitucionalidade, por vício formal, da íntegra das duas normas, pleiteia seja assim declarada, ao menos, no que diz respeito aos dispositivos abaixo transcritos, relacionados com a autorização e o funcionamento dessas entidades, bem assim do órgão fiscalizador.

[352] ANSS, RN 279, de 24.11.2011: Dispõe sobre a regulamentação dos artigos 30 e 31 da Lei n. 9.656, de 3 de junho de 1998, e revoga as Resoluções do CONSU n.s 20 e 21, de 7 de abril de 1999.

CAPÍTULO IX – BREVES ANOTAÇÕES À LEI N.9.656/98

§ 1º O período de manutenção da condição de beneficiário a que se refere o *caput* será de um terço do tempo de permanência nos produtos de que tratam o inciso I e o § 1º do art. 1º, ou sucessores, com um mínimo assegurado de seis meses e um máximo de vinte e quatro meses.[357]

§ 2º A manutenção de que trata este artigo é extensiva, obrigatoriamente, a todo o grupo familiar inscrito quando da vigência do contrato de trabalho.

§ 3º Em caso de morte do titular, o direito de permanência é assegurado aos dependentes cobertos pelo plano ou seguro privado coletivo de assistência à saúde, nos termos do disposto neste artigo.

§ 4º O direito assegurado neste artigo não exclui vantagens obtidas pelos empregados decorrentes de negociações coletivas de trabalho.

§ 5º A condição prevista no *caput* deste artigo deixará de existir quando da admissão do consumidor titular em novo emprego. (Incluído pela Medida Provisória n. 2.177-44, de 2001)

---

[353] Redação dada pela Medida Provisória n. 2.177-44, de 2001.

[354] STJ, AgInt no REsp 1653196/SP, Rel. Min. Marco Aurélio Bellizze, 27.06.2017: 2. O art. 30 da Lei n. 9.656/1998 confere ao consumidor o direito de contribuir para plano ou seguro privado coletivo de assistência à saúde, decorrente de vínculo empregatício, no caso de rescisão ou exoneração do contrato de trabalho sem justa causa, assegurando-lhe o direito de manter sua condição de beneficiário, nas mesmas condições de que gozava na época da vigência do contrato de trabalho, desde que assuma também o pagamento da parcela anteriormente de responsabilidade patronal.

[355] STJ, AgInt no REsp 1578949/SP, Rel. Min. Nancy Andrighi, 13.06.2017: 1. O propósito recursal consiste em definir a quem é assegurado, após a cessação do vínculo empregatício por aposentadoria ou demissão sem justa causa, o direito de manutenção como beneficiário de seguro *saúde* coletivo empresarial, previsto nos arts. 30 e 31, da Lei n. 9.656/98. 3. Nos termos dos arts. 30 e 31 da Lei n. 9.656/98, não há direito de manutenção do ex-empregado como beneficiário de *plano* de *saúde* coletivo, cuja contribuição foi exclusivamente custeada pelo empregador. 4. A mera coparticipação nos procedimentos utilizados pelo consumidor não é suficiente para assegurar-lhe o direito de permanência na apólice, nas mesmas condições de cobertura assistencial de que gozava quando da vigência do contrato de trabalho.

[356] Vale referir que a Medida Provisória n. 1.801-11/1999 ampliou a reedição, sem modificações significativas, da Medida Provisória n. 1.730-7/1998, nos seguintes termos: (...) h) revogação do §1º do artigo 30 (artigo 7º da nova MP).
A MP 1.801-12/1999 foi reeditada com registros 1.801-13/1999, 1.801-14/1999, 1.801-14/1999, 1.801-15/1999 e 1.801-16/1999.

[357] Redação dada pela Medida Provisória n. 2.177-44, de 2001.

§ 6º Nos planos coletivos custeados integralmente pela empresa, não é considerada contribuição a coparticipação do consumidor, única e exclusivamente, em procedimentos, como fator de moderação, na utilização dos serviços de assistência médica ou hospitalar.[358]

Art. 31. Ao aposentado que contribuir para produtos de que tratam o inciso I e o § 1º do art. 1º desta Lei, em decorrência de vínculo empregatício, pelo prazo mínimo de dez anos, é assegurado o direito de manutenção como beneficiário, nas mesmas condições de cobertura assistencial de que gozava quando da vigência do contrato de trabalho, desde que assuma o seu pagamento integral.[359-360-361]

§ 1º Ao aposentado que contribuir para planos coletivos de assistência à saúde por período inferior ao estabelecido no *caput* é assegurado o direito de manutenção como beneficiário, à razão de um ano para cada ano de contribuição, desde que assuma o pagamento integral do mesmo.[362-363]

§ 2º Para gozo do direito assegurado neste artigo, observar-se-ão as mesmas condições estabelecidas nos §§ 2º, 3º, 4º, 5º e 6º do art. 30.[364]

§ 3º Para gozo do direito assegurado neste artigo, observar-se-ão as mesmas condições estabelecidas nos §§ 2º e 4º do art. 30.

Art. 32. Serão ressarcidos pelas operadoras dos produtos de que tratam o inciso I e o § 1º do art. 1º desta Lei, de acordo com normas a serem definidas pela ANS, os serviços de atendimento à saúde previstos nos respectivos

---

[358] Incluído pela Medida Provisória n. 2.177-44, de 2001.

[359] ANSS, RN 279, de 24.11.2011: Dispõe sobre a regulamentação dos artigos 30 e 31 da Lei n. 9.656, de 3 de junho de 1998, e revoga as Resoluções do CONSU n.s 20 e 21, de 7 de abril de 1999.

[360] TJ/SP – Súmula n. 104: A continuidade do exercício laboral após a aposentadoria do beneficiário do seguro-saúde coletivo não afasta a aplicação do art. 31 da Lei n. 9.656/1998.

[361] Redação dada pela Medida Provisória n. 2.177-44, de 2001.

[362] Redação dada pela Medida Provisória n. 2.177-44, de 2001.

[363] Súmula n. 104: A continuidade do exercício laboral após a aposentadoria do beneficiário do seguro-saúde coletivo não afasta a aplicação do art. 31 da Lei n. 9.656/1998.

[364] Redação dada pela Medida Provisória n. 2.177-44, de 2001.

CAPÍTULO IX – BREVES ANOTAÇÕES À LEI N.9.656/98

contratos, prestados a seus consumidores e respectivos dependentes, em instituições públicas ou privadas, conveniadas ou contratadas, integrantes do Sistema Único de Saúde – SUS.[365-366-367-368-369]

---

[365] Há um equívoco na reiterada afirmação, em diversas decisões judiciais, de que o STF declarou constitucional o art. 32. O que ocorreu foi que a Corte apenas negou a liminar que pretendia suspender os seus efeitos. O mérito está pendente de julgamento na Ação direta de inconstitucionalidade n. 1.931/DF, Relator o Min. Marco Aurélio. Também trata do art. 32, o ressarcimento ao SUS, a Repercussão Geral no RExt 597.064/RJ, Rel. Min. Gilmar Mendes, publ. 28.03.2011: Recurso Extraordinário. Administrativo. Ressarcimento ao Sistema Único de Saúde (SUS) das despesas com atendimento de pacientes beneficiários de planos privados de saúde. Art. 32 da Lei n. 9.656/1998. Repercussão Geral reconhecida. ADI n. 1.931, com o Tema 345: Recurso extraordinário em que se discute, à luz dos artigos 5º, II, XXXVI; 154, I; 195, § 4º; 196; 198, § 1º; e 199, da Constituição Federal, a constitucionalidade ou não do art. 32 da Lei n. 9.656/98, que prevê ressarcimento ao Sistema único de Saúde – SUS, pelos custos com atendimento prestado, por instituições públicas ou privadas, conveniadas ou contratadas, integrantes do SUS, a beneficiários de planos privados de assistência à saúde. No relatório da ADI, está anotado que: Discorre sobre a desarmonia do artigo 32 da lei atacada com o artigo 199 do Documento Básico, bem assim relativamente ao devido processo legal substantivo, porquanto o dispositivo determina o ressarcimento, pelo operador ao Poder Público, dos custos deste no atendimento a indivíduos beneficiários do plano de saúde daquele. Sustenta a inconstitucionalidade formal do preceito, frisando que o estabelecimento de fontes de custeio da seguridade social deve ser veiculado por lei complementar, nos termos do artigo 154, inciso I, da Constituição Federal.

[366] O tema do art. 32 é objeto da ADI n. 1.931/DF, ainda em curso no STF, Rel. Min. Marco Aurélio, conforme anotado no relatório, pois o autor argumenta que afronta: o ato jurídico perfeito, a coisa julgada e o direito adquirido, pois fazem incluir, em relações jurídicas em curso ou já consolidadas no início da vigência dos atos, as regras por estes instituídas. Sob o ângulo do risco, reporta-se à imediata aplicação dos preceitos, inclusive de forma retroativa, aos contratos em curso, com graves repercussões financeiras sobre as operadoras dos planos e os próprios beneficiários. Consoante afirma, os diplomas inviabilizam a própria continuidade do sistema de assistência privada à saúde. Alude à iminente judicialização em massa de questões afetas às inovações introduzidas pelas normas atacadas.

Em 21 de agosto de 2003, o Plenário do STF deferiu parcialmente a medida acauteladora pleiteada na ADI n. 1.931/DF, à vista também as MPs n. 1.730/1998 e 1.908-18/1998 para produzir as seguintes alterações:

AÇÃO DIRETA DE INCONSTITUCIONALIDADE. LEI ORDINÁRIA N. 9.656/98. PLANOS DE SEGUROS PRIVADOS DE ASSISTÊNCIA À SAÚDE. MEDIDA PROVISÓRIA N. 1730/98. PRELIMINAR. ILEGITIMIDADE ATIVA. INEXISTÊNCIA. AÇÃO CONHECIDA. INCONSTITUCIONALIDADES FORMAIS E OBSERVÂNCIA DO DEVIDO PROCESSO LEGAL. OFENSA AO DIREITO ADQUIRIDO E AO ATO JURÍDICO PERFEITO.

§ 1º O ressarcimento será efetuado pelas operadoras ao SUS com base em regra de valoração aprovada e divulgada pela ANS, mediante crédito ao Fundo Nacional de Saúde – FNS.[370]

§ 2º Para a efetivação do ressarcimento, a ANS disponibilizará às operadoras a discriminação dos procedimentos realizados para cada consumidor.[371]

§ 3º A operadora efetuará o ressarcimento até o 15º (décimo quinto) dia da data de recebimento da notificação de cobrança feita pela ANS.[372]

---

3. Inconstitucionalidade formal quanto à autorização, ao funcionamento e ao órgão fiscalizador das empresas operadoras de planos de saúde. Alterações introduzidas pela última edição da Medida Provisória n. 1908-18/99. Modificação da natureza jurídica das empresas. Lei regulamentadora. Possibilidade. Observância do disposto no artigo 197 da Constituição Federal.

4. Prestação de serviço médico pela rede do SUS e instituições conveniadas, em virtude da impossibilidade de atendimento pela operadora de Plano de Saúde. Ressarcimento à Administração Pública mediante condições preestabelecidas em resoluções internas da Câmara de Saúde Complementar. Ofensa ao devido processo legal. Alegação improcedente. Norma programática pertinente à realização de políticas públicas. Conveniência da manutenção da vigência da norma impugnada.

[367] As MPs ns. 2.097/2001, 2.177-43/2001, 2.097-41/2001 e 2.177-44/2001 alteraram o art. 32, da Lei n. 9.656/1998, para substituir a expressão "A operadora efetuará o ressarcimento até o décimo quinto dia após a apresentação da fatura" por "A operadora efetuará o ressarcimento até o décimo quinto dia após a apresentação da cobrança pela ANS", acrescendo também o par. 4, os incisos I e II, e os parágrafos 5 e 6, versando sobre encargos e forma de cobrança de ressarcimentos, além da alteração do par. 2, de "a ANS disponibilizará" para "os gestores do SUS disponibilizarão".

[368] ANSS, RC CONSU n. 22, de 21.10.1999: Altera as Resoluções CONSU n. 7 e 9/98 que dispõem sobre informações ao Ministério da Saúde, ressarcimento dos serviços de atendimento à saúde prestados a beneficiários de plano privado de assistência à saúde por instituições públicas ou privadas integrantes do Sistema Único de Saúde SUS e dá outras providências.

[369] O autor da ADI n. 1.931/DF, ainda em curso no STF, Rel. Min. Marco Aurélio, conforme anotado no relatório, em 27 de setembro de 1999, editou mais uma vez a inicial em razão da edição da MP 1.908-1/1999, informando que no artigo 32, cabeça e parágrafos 1º a 4º, o termo "produtos de que tratam o inciso I e o §1º do art. 1º desta Lei".

[370] Redação dada pela Medida Provisória n. 2.177-44, de 2001.

[371] Redação dada pela Medida Provisória n. 2.177-44, de 2001.

[372] Redação dada pela Medida Provisória n. 2.177-44, de 2001.

CAPÍTULO IX – BREVES ANOTAÇÕES À LEI N.9.656/98

§ 4º O ressarcimento não efetuado no prazo previsto no § 3º será cobrado com os seguintes acréscimos:[373]

I – juros de mora contados do mês seguinte ao do vencimento, à razão de um por cento ao mês ou fração;[374]

II – multa de mora de dez por cento.[375]

§ 5º Os valores não recolhidos no prazo previsto no § 3º serão inscritos em dívida ativa da ANS, a qual compete a cobrança judicial dos respectivos créditos.[376]

§ 6º O produto da arrecadação dos juros e da multa de mora serão revertidos ao Fundo Nacional de Saúde.[377]

§ 7º A ANS disciplinará o processo de glosa ou impugnação dos procedimentos encaminhados, conforme previsto no § 2º deste artigo, cabendo-lhe, inclusive, estabelecer procedimentos para cobrança dos valores a serem ressarcidos.[378]

§ 8º Os valores a serem ressarcidos não serão inferiores aos praticados pelo SUS e nem superiores aos praticados pelas operadoras de produtos de que tratam o inciso I e o § 1º do art. 1º desta Lei.[379]

§ 9º Os valores a que se referem os §§ 3º e 6º deste artigo não serão computados para fins de aplicação dos recursos mínimos nas ações e serviços públicos de saúde nos termos da Constituição Federal.[380]

Art. 33. Havendo indisponibilidade de leito hospitalar nos estabelecimentos próprios ou credenciados pelo plano, é garantido ao consumidor o acesso à acomodação, em nível superior, sem ônus adicional.

Art. 34. As pessoas jurídicas que executam outras atividades além das abrangidas por esta Lei deverão, na forma e no prazo definidos pela ANS,

---

[373] Redação dada pela Medida Provisória n. 2.177-44, de 2001.
[374] Incluído pela Medida Provisória n. 2.177-44, de 2001.
[375] Incluído pela Medida Provisória n. 2.177-44, de 2001.
[376] Incluído pela Medida Provisória n. 2.177-44, de 2001.
[377] Incluído pela Medida Provisória n. 2.177-44, de 2001.
[378] Incluído pela Medida Provisória n. 2.177-44, de 2001.
[379] Redação dada pela Medida Provisória n. 2.177-44, de 2001.
[380] Incluído pela Medida Provisória n. 2.177-44, de 2001.

constituir pessoas jurídicas independentes, com ou sem fins lucrativos, especificamente para operar planos privados de assistência à saúde, na forma da legislação em vigor e em especial desta Lei e de seus regulamentos.[381]

§ 1º O disposto no *caput* não se aplica às entidades de autogestão constituídas sob a forma de fundação, de sindicato ou de associação que, na data da publicação desta Lei, já exerciam outras atividades em conjunto com as relacionadas à assistência à saúde, nos termos dos pertinentes estatutos sociais.[382]

§ 2º As entidades de que trata o § 1º poderão, desde que a hipótese de segregação da finalidade estatutária esteja prevista ou seja assegurada pelo órgão interno competente, constituir filial ou departamento com número do Cadastro Nacional da Pessoa Jurídica sequencial ao da pessoa jurídica principal.[383]

§ 3º As entidades de que trata o § 1º que optarem por proceder de acordo com o previsto no § 2º assegurarão condições para sua adequada segregação patrimonial, administrativa, financeira e contábil.[384]

Art. 35. Aplicam-se as disposições desta Lei a todos os contratos celebrados a partir de sua vigência, assegurada aos consumidores com contratos anteriores, bem como àqueles com contratos celebrados entre 2 de setembro de 1998 e 1º de janeiro de 1999, a possibilidade de optar pela adaptação ao sistema previsto nesta Lei.[385-386-387-388-389]

---

[381] Redação dada pela Medida Provisória n. 2.177-44, de 2001.

[382] Incluído pela Lei n. 13.127, de 2015.

[383] Incluído pela Lei n. 13.127, de 2015.

[384] Incluído pela Lei n. 13.127, de 2015.

[385] ANSS, RN n. 254, de 05.05.2011: Dispõe sobre a adaptação e migração para os contratos celebrados até 1º de janeiro de 1999 e altera as Resoluções Normativas n. 63, de 22 de dezembro de 2003, que define os limites a serem observados para adoção de variação de preço por faixa etária nos planos privados de assistência à saúde contratados a partir de 1º de janeiro de 2004; e n. 124, de 30 de março de 2006, que dispõe sobre a aplicação de penalidades para as infrações à legislação dos planos privados de assistência à saúde.

[386] Redação dada pela Medida Provisória n. 2.177-44, de 2001.

[387] O autor da ADI n. 1.931/DF, ainda em curso no STF, Rel. Min. Marco Aurélio, conforme anotado no relatório, informou, em 6 de setembro de 1999, o prejuízo da ação

CAPÍTULO IX – BREVES ANOTAÇÕES À LEI N.9.656/98

§ 1º Sem prejuízo do disposto no art. 35-E, a adaptação dos contratos de que trata este artigo deverá ser formalizada em termo próprio, assinado pelos contratantes, de acordo com as normas a serem definidas pela ANS. (Redação dada pela Medida Provisória n. 2.177-44, de 2001).

§ 2º Quando a adaptação dos contratos incluir aumento de contraprestação pecuniária, a composição da base de cálculo deverá ficar restrita aos itens

---

direta no tocante à incompatibilidade, com o Texto Maior, dos artigos 35 e 35-G da Lei n. 9.656/1998, em virtude de substancial mudança efetuada pela MP n. 1.908-17/1999.

[388] O autor da ADI n. 1.931/DF, ainda em curso no STF, Rel. Min. Marco Aurélio, conforme anotado no relatório, em 27 de setembro de 1999, editou mais uma vez a inicial em razão da edição da MP n. 1.908-1/1999, informando: O artigo 35-G passou à numeração 35-F. Da mesma forma, quanto aos artigos 35-H, 35-I, 35-J, 35-L, 35-M e 35-N, o complemento retrocedeu uma letra do alfabeto.

[389] Em 21 de agosto de 2003, o Plenário do STF deferiu parcialmente a medida acauteladora pleiteada na ADI n. 1.931/DF, à vista também as MPs n. 1.730/1998 e 1.908-18/1998 para produzir as seguintes alterações:

AÇÃO DIRETA DE INCONSTITUCIONALIDADE. LEI ORDINÁRIA N. 9.656/98. PLANOS DE SEGUROS PRIVADOS DE ASSISTÊNCIA À SAÚDE. MEDIDA PROVISÓRIA N. 1730/98. PRELIMINAR. ILEGITIMIDADE ATIVA. INEXISTÊNCIA. AÇÃO CONHECIDA. INCONSTITUCIONALIDADES FORMAIS E OBSERVÂNCIA DO DEVIDO PROCESSO LEGAL. OFENSA AO DIREITO ADQUIRIDO E AO ATO JURÍDICO PERFEITO.

3. Inconstitucionalidade formal quanto à autorização, ao funcionamento e ao órgão fiscalizador das empresas operadoras de planos de saúde. Alterações introduzidas pela última edição da Medida Provisória n. 1908-18/99. Modificação da natureza jurídica das empresas. Lei regulamentadora. Possibilidade. Observância do disposto no artigo 197 da Constituição Federal.

(...)

5. Violação ao direito adquirido e ao ato jurídico perfeito. Pedido de inconstitucionalidade do artigo 35, *caput* e parágrafos 1º e 2º, da Medida Provisória n. 1.908-18/99. Ação não conhecida tendo em vista as substanciais alterações neles promovidas pela medida provisória superveniente.

(...)

7. Medida cautelar deferida, em parte, no que tange à suscitada violação ao artigo 5º, XXXVI, da Constituição, quanto ao artigo 35-G, hoje, renumerado como artigo 35-E pela Medida Provisória 1908-18, de 24 de setembro de 1999; ação conhecida, em parte, quanto ao pedido de inconstitucionalidade do artigo 10, § 2º, da Lei n. 9.656/1998, com a redação dada pela Medida Provisória 1908-18/1999, para suspender a eficácia apenas da expressão atuais, e suspensão da eficácia do artigo 35-E (redação dada pela MP n. 2177-44/2001) e da expressão *artigo 35-E*, contida no artigo 3º da Medida Provisória n. 1.908-18/99.

correspondentes ao aumento de cobertura, e ficará disponível para verificação pela ANS, que poderá determinar sua alteração quando o novo valor não estiver devidamente justificado.[390]

§ 3º A adaptação dos contratos não implica nova contagem dos períodos de carência e dos prazos de aquisição dos benefícios previstos nos arts. 30 e 31 desta Lei, observados, quanto aos últimos, os limites de cobertura previstos no contrato original.[391]

§ 4º Nenhum contrato poderá ser adaptado por decisão unilateral da empresa operadora.[392]

§ 5º A manutenção dos contratos originais pelos consumidores não optantes tem caráter personalíssimo, devendo ser garantida somente ao titular e a seus dependentes já inscritos, permitida inclusão apenas de novo cônjuge e filhos, e vedada a transferência da sua titularidade, sob qualquer pretexto, a terceiros.[393]

§ 6º Os produtos de que tratam o inciso I e o § 1º do art. 1º desta Lei, contratados até 1º de janeiro de 1999, deverão permanecer em operação, por tempo indeterminado, apenas para os consumidores que não optarem pela adaptação às novas regras, sendo considerados extintos para fim de comercialização.[394]

§ 7º Às pessoas jurídicas contratantes de planos coletivos, não optantes pela adaptação prevista neste artigo, fica assegurada a manutenção dos contratos originais, nas coberturas assistenciais neles pactuadas.[395]

§ 8º A ANS definirá em norma própria os procedimentos formais que deverão ser adotados pelas empresas para a adaptação dos contratos de que trata este artigo.[396]

---

[390] Redação dada pela Medida Provisória n. 2.177-44, de 2001.
[391] Incluído pela Medida Provisória n. 2.177-44, de 2001.
[392] Incluído pela Medida Provisória n. 2.177-44, de 2001.
[393] Incluído pela Medida Provisória n. 2.177-44, de 2001.
[394] Incluído pela Medida Provisória n. 2.177-44, de 2001.
[395] Incluído pela Medida Provisória n. 2.177-44, de 2001.
[396] Incluído pela Medida Provisória n. 2.177-44, de 2001.

CAPÍTULO IX – BREVES ANOTAÇÕES À LEI N.9.656/98

Art. 35-A. Fica criado o Conselho de Saúde Suplementar – CONSU, órgão colegiado integrante da estrutura regimental do Ministério da Saúde, com competência para:[397-398]

I – estabelecer e supervisionar a execução de políticas e diretrizes gerais do setor de saúde suplementar;

II – aprovar o contrato de gestão da ANS;

III – supervisionar e acompanhar as ações e o funcionamento da ANS;

IV – fixar diretrizes gerais para implementação no setor de saúde suplementar sobre:

a) aspectos econômico-financeiros;

b) normas de contabilidade, atuariais e estatísticas;

c) parâmetros quanto ao capital e ao patrimônio líquido mínimos, bem assim quanto às formas de sua subscrição e realização quando se tratar de sociedade anônima;

d) critérios de constituição de garantias de manutenção do equilíbrio econômico-financeiro, consistentes em bens, móveis ou imóveis, ou fundos especiais ou seguros garantidores;[399-400]

---

[397] Artigo 35 e letras correspondentes, parágrafos e incisos incluídos pela Medida Provisória n. 2.177-44, de 2001.

[398] Vale referir que a Medida Provisória n. 1.801-11/1999 ampliou a reedição, sem modificações significativas, da Medida Provisória n. 1.730-7/1998, nos seguintes termos: (...) f) inclusão, no artigo 35-A, do inciso XIV. A MP 1.801-12/1999, foi reeditada com registros 1.801-13/1999, 1.801-14/1999, 1.801-14/1999, 1.801-15/1999, 1.801-16/1999. 1.801-17/1999.

[399] ANSS, RN n. 314, de 23.11.2012: Altera os Anexos da Resolução Normativa n. 290, de 27 de fevereiro de 2012, que dispõe sobre o Plano de Contas Padrão para as Operadoras de Planos de Assistência à Saúde, a RN n. 264, de 19 de agosto de 2011, que dispõe sobre Promoção da Saúde e Prevenção de Riscos e Doenças e seus Programas na Saúde Suplementar, a RN n. 209, de 22 de dezembro de 2009, que dispõe sobre os critérios de manutenção de Recursos Próprios Mínimos e constituição de Provisões Técnicas a serem observados pelas operadoras de planos privados de assistência à saúde e a RN n. 206, de 2 de dezembro de 2009, que dispõe sobre a alteração na contabilização das contraprestações e prêmios das operações de planos de assistência a saúde na modalidade de preço preestabelecido e altera as Resoluções Normativas n. 159 e 160.

[400] ANSS, RN n. 329, de 24.05.2013: Altera as Resoluções Normativas – RN n. 227, de 19 de agosto de 2010, que dispõe sobre a constituição, vinculação e custódia dos

e) criação de fundo, contratação de seguro garantidor ou outros instrumentos que julgar adequados, com o objetivo de proteger o consumidor de planos privados de assistência à saúde em caso de insolvência de empresas operadoras;

V – deliberar sobre a criação de câmaras técnicas, de caráter consultivo, de forma a subsidiar suas decisões.

Parágrafo único. A ANS fixará as normas sobre as matérias previstas no inciso IV deste artigo, devendo adequá-las, se necessário, quando houver diretrizes gerais estabelecidas pelo CONSU.

Art. 35-B. O CONSU será integrado pelos seguintes Ministros de Estado:[401-402-403]

I – Chefe da Casa Civil da Presidência da República, na qualidade de Presidente;

II – da Saúde;

III – da Fazenda;

IV – da Justiça; e

V – do Planejamento, Orçamento e Gestão.

§ 1º O Conselho deliberará mediante resoluções, por maioria de votos, cabendo ao Presidente a prerrogativa de deliberar nos casos de urgência e relevante interesse, *ad referendum* dos demais membros.

§ 2º Quando deliberar *ad referendum* do Conselho, o Presidente submeterá a decisão ao Colegiado na primeira reunião que se seguir àquela deliberação.

---

ativos garantidores das Provisões técnicas, especialmente da Provisão de Eventos/Sinistros a Liquidar, e a RN n. 278, de 17 de novembro de 2011, que institui o Programa de Conformidade Regulatória.

[401] Artigo, parágrafos e incisos incluídos pela Medida Provisória n. 2.177-44, de 2001.

[402] Composição: vide Dec.4.044, de 6.12.2001.

[403] Vale referir que a Medida Provisória n. 1.801-11/1999 ampliou a reedição, sem modificações significativas, da Medida Provisória n. 1.730-7/1998, nos seguintes termos: (...) g) inclusão, no artigo 35B, §3º, inciso IV, das alíneas i, j, l e m, dispondo sobre a composição do CONSU.

A MP 1.801-12/1999, foi reeditada com registros 1.801-13/1999, 1.801-14/1999, 1.801-14/1999, 1.801-15/1999 e 1.801-16/1999.

CAPÍTULO IX – BREVES ANOTAÇÕES À LEI N.9.656/98

§ 3º O Presidente do Conselho poderá convidar Ministros de Estado, bem assim outros representantes de órgãos públicos, para participar das reuniões, não lhes sendo permitido o direito de voto.

§ 4º O Conselho reunir-se-á sempre que for convocado por seu Presidente.

§ 5º O regimento interno do CONSU será aprovado por decreto do Presidente da República.

§ 6º As atividades de apoio administrativo ao CONSU serão prestadas pela ANS.

§ 7º O Presidente da ANS participará, na qualidade de Secretário, das reuniões do CONSU.

Art. 35-C. É obrigatória a cobertura do atendimento nos casos;[404-405]

I – de emergência, como tal definidos os que implicarem risco imediato de vida ou de lesões irreparáveis para o paciente, caracterizado em declaração do médico assistente;

II – de urgência, assim entendidos os resultantes de acidentes pessoais ou de complicações no processo gestacional;

III – de planejamento familiar.

Parágrafo único. A ANS fará publicar normas regulamentares para o disposto neste artigo, observados os termos de adaptação previstos no art. 35.[406]

---

[404] Artigo e incisos com redação dada pela Lei n. 11.935, de 2009.

[405] O tema, com os incisos, objeto da ADI n. 1.931/DF, ainda em curso no STF, Rel. Min. Marco Aurélio, conforme anotado no relatório: Articula com o enquadramento o enquadramento das empresas de planos de saúde na categoria de seguradoras, pois cabe a elas a cobertura dos custos de assistência médico-hospitalar, tal como ocorre com as operadoras de seguros privados de saúde. Sustenta a inconstitucionalidade formal dos diplomas impugnados. Consoante argumenta, a disciplina do funcionamento de estabelecimentos de seguros e do respectivo órgão oficial de fiscalização exige lei complementar, nos termos do artigo 192, inciso II, do Texto Maior, a revelar a impropriedade da lei ordinária e da medida provisória em jogo. Caso não se reconheça a inconstitucionalidade, por vício formal, da íntegra das duas normas, pleiteia seja assim declarada, ao menos, no que diz respeito aos dispositivos abaixo transcritos, relacionados com a autorização e o funcionamento dessas entidades, bem assim do órgão fiscalizador.

[406] Incluído pela Medida Provisória n. 2.177-44, de 2001.

Art. 35-D. As multas a serem aplicadas pela ANS em decorrência da competência fiscalizadora e normativa estabelecida nesta Lei e em seus regulamentos serão recolhidas à conta daquela Agência, até o limite de R$ 1.000.000,00 (um milhão de reais) por infração, ressalvado o disposto no § 6º do art. 19 desta Lei.[407]

Art. 35-E. A partir de 5 de junho de 1998, fica estabelecido para os contratos celebrados anteriormente à data de vigência desta Lei que:[408-409-410]

---

[407] Incluído pela Medida Provisória n. 2.177-44, de 2001.

[408] Artigo, parágrafos e incisos incluídos pela Medida Provisória n. 2.177-44, de 2001, e as MPs 2.097/2001, 2.177-43/2001, 2.097-41/2001, alteraram o inciso I do artigo 35-E de "com mais de sessenta anos de idade" para "com sessenta anos de idade ou mais".

[409] O tema, com os parágrafos, objeto da ADI n. 1.931/DF, ainda em curso no STF, Rel. Min. Marco Aurélio, conforme anotado no relatório: Articula o enquadramento das empresas de planos de saúde na categoria de seguradoras, pois cabe a elas a cobertura dos custos de assistência médico-hospitalar, tal como ocorre com as operadoras de seguros privados de saúde. Sustenta a inconstitucionalidade formal dos diplomas impugnados. Consoante argumenta, a disciplina do funcionamento de estabelecimentos de seguros e do respectivo órgão oficial de fiscalização exige lei complementar, nos termos do artigo 192, inciso II, do Texto Maior, a revelar a impropriedade da lei ordinária e da medida provisória em jogo. Caso não se reconheça a inconstitucionalidade, por vício formal, da íntegra das duas normas, pleiteia seja assim declarada, ao menos, no que diz respeito aos dispositivos abaixo transcritos, relacionados com a autorização e o funcionamento dessas entidades, bem assim do órgão fiscalizador.

Por ocasião do julgamento do pedido de liminar, o ministro Maurício Corrêa, ao emitir juízo sobre a inconstitucionalidade do atual artigo 35-E, consignou: Neste ponto, entendo patente e indébita a ingerência do Estado no pacto celebrado entre as partes. De fato, os dispositivos acima transcritos interferem na órbita do direito adquirido e do ato jurídico perfeito, visto que criam regras completamente distintas daqueles que foram objeto da contratação. A retroatividade determinada por esses preceitos faz incidir regras da legislação nova sobre cláusulas contratuais preexistentes, firmadas sob a égide do regime legal anterior, que, a meu ver, afrontam o direito consolidado das partes, de tal modo que violam o princípio consagrado no inciso XXXVI do artigo 5º da Constituição Federal e põem-se em contraste com a jurisprudência desta Corte de que é exemplo o acórdão proferido na ADI n. 493-DF, Moreira Alves, publicado na RTJ 143/724.

Em 22 de outubro de 2014, o Pleno acolheu os embargos declaratórios interpostos pela Presidência da República para, quanto ao artigo 3º da Medida Provisória n. 1.908/1999, estabelecer que o afastamento da eficácia deve restringir-se à expressão "independentemente da data de sua celebração".

[410] O autor da ADI n. 1.931/DF, ainda em curso no STF, Rel. Min. Marco Aurélio, conforme anotado no relatório, em 27 de setembro de 1999, editou mais uma vez a inicial em razão da edição da MP 1.908-1/1999, informando que no artigo 35-E, inciso III e §2º, o termo "produtos" de que tratam o inciso I e o §1º do art. 1º desta Lei.

CAPÍTULO IX – BREVES ANOTAÇÕES À LEI N.9.656/98

I – qualquer variação na contraprestação pecuniária para consumidores com mais de sessenta anos de idade estará sujeita à autorização prévia da ANS;

II – a alegação de doença ou lesão preexistente estará sujeita à prévia regulamentação da matéria pela ANS:[411]

III – é vedada a suspensão ou a rescisão unilateral do contrato individual ou familiar de produtos de que tratam o inciso I e o § 1º do art. 1º desta Lei por parte da operadora, salvo o disposto no inciso II do parágrafo único do art. 13 desta Lei;

IV – é vedada a interrupção de internação hospitalar em leito clínico, cirúrgico ou em centro de terapia intensiva ou similar, salvo a critério do médico assistente.

---

[411] O autor da ADI n. 1.931/DF, ainda em curso no STF, Rel. Min. Marco Aurélio, conforme anotado no relatório, em 27 de setembro de 1999, editou mais uma vez a inicial em razão da edição da MP n. 1.908-1/1999, informando: O inciso II do artigo 35-E conferiu à Agência Nacional de Saúde a responsabilidade por regulamentar a questão relativa a doença ou lesão preexistentes.

Em 21 de agosto de 2003, o Plenário do STF deferiu parcialmente a medida acauteladora pleiteada na ADI n. 1.931/DF, à vista também as MPs n. 1.730/1998 e 1.908-18/1998 para produzir as seguintes alterações:

AÇÃO DIRETA DE INCONSTITUCIONALIDADE. LEI ORDINÁRIA N. 9.656/98. PLANOS DE SEGUROS PRIVADOS DE ASSISTÊNCIA À SAÚDE. MEDIDA PROVISÓRIA N. 1730/98. PRELIMINAR. ILEGITIMIDADE ATIVA. INEXISTÊNCIA. AÇÃO CONHECIDA. INCONSTITUCIONALIDADES FORMAIS E OBSERVÂNCIA DO DEVIDO PROCESSO LEGAL. OFENSA AO DIREITO ADQUIRIDO E AO ATO JURÍDICO PERFEITO.

3. Inconstitucionalidade formal quanto à autorização, ao funcionamento e ao órgão fiscalizador das empresas operadoras de planos de saúde. Alterações introduzidas pela última edição da Medida Provisória n. 1.908-18/99. Modificação da natureza jurídica das empresas. Lei regulamentadora. Possibilidade. Observância do disposto no artigo 197 da Constituição Federal.

(...)

7. Medida cautelar deferida, em parte, no que tange à suscitada violação ao artigo 5º, XXXVI, da Constituição, quanto ao artigo 35-G, hoje, renumerado como artigo 35-E pela Medida Provisória n. 1.908-18/99, de 24 de setembro de 1999; ação conhecida, em parte, quanto ao pedido de inconstitucionalidade do artigo 10, § 2º, da Lei n. 9.656/1998, com a redação dada pela Medida Provisória 1908-18/1999, para suspender a eficácia apenas da expressão atuais e suspensão da eficácia do artigo 35-E (redação dada pela MP n. 2177-44/2001) e da expressão *artigo 35-E*, contida no artigo 3º da Medida Provisória n. 1.908-18/99.

§ 1º Os contratos anteriores à vigência desta Lei, que estabeleçam reajuste por mudança de faixa etária com idade inicial em sessenta anos ou mais, deverão ser adaptados, até 31 de outubro de 1999, para repactuação da cláusula de reajuste, observadas as seguintes disposições:

I – a repactuação será garantida aos consumidores de que trata o parágrafo único do art. 15, para as mudanças de faixa etária ocorridas após a vigência desta Lei, e limitar-se-á à diluição da aplicação do reajuste anteriormente previsto, em reajustes parciais anuais, com adoção de percentual fixo que, aplicado a cada ano, permita atingir o reajuste integral no início do último ano da faixa etária considerada;

II – para aplicação da fórmula de diluição, consideram-se de dez anos as faixas etárias que tenham sido estipuladas sem limite superior;

III – a nova cláusula, contendo a fórmula de aplicação do reajuste, deverá ser encaminhada aos consumidores, juntamente com o boleto ou título de cobrança, com a demonstração do valor originalmente contratado, do valor repactuado e do percentual de reajuste anual fixo, esclarecendo, ainda, que o seu pagamento formalizará esta repactuação;

IV – a cláusula original de reajuste deverá ter sido previamente submetida à ANS; (Incluído pela Medida)

V – na falta de aprovação prévia, a operadora, para que possa aplicar reajuste por faixa etária a consumidores com sessenta anos ou mais de idade e dez anos ou mais de contrato, deverá submeter à ANS as condições contratuais acompanhadas de nota técnica, para, uma vez aprovada a cláusula e o percentual de reajuste, adotar a diluição prevista neste parágrafo.

§ 2º Nos contratos individuais de produtos de que tratam o inciso I e o § 1º do art. 1º desta Lei, independentemente da data de sua celebração, a aplicação de cláusula de reajuste das contraprestações pecuniárias dependerá de prévia aprovação da ANS.[412]

---

[412] A partir desse comando legal, a pretexto de proteger os interesses do consumidor, a ANS desencadeou um processo de contenção da incidência dos reajustes das mensalidades nos contratos individuais, necessários à reposição do desgaste produzido pelo fenômeno inflacionário, induzindo a uma outra consequência séria, pois os contratos coletivos foram dotados de uma maior liberdade de contratação e de negociação dos reajustes de reposição do desgaste da inflação, ao fundamento de que as empresas, ao

CAPÍTULO IX – BREVES ANOTAÇÕES À LEI N.9.656/98

§ 3º O disposto no art. 35 desta Lei aplica-se sem prejuízo do estabelecido neste artigo.

Art. 35-F. A assistência a que alude o art. 1º desta Lei compreende todas as ações necessárias à prevenção da doença e à recuperação, manutenção e reabilitação da saúde, observados os termos desta Lei e do contrato firmado entre as partes.[413-414]

Art. 35-G. Aplicam-se subsidiariamente aos contratos entre usuários e operadoras de produtos de que tratam o inciso I e o § 1º do art. 1º desta Lei as disposições da Lei n. 8.078, de 1990.[415-416-417-418-419-420-421-422]

---

contrário das pessoas que contratam individualmente, têm mais capacidade de negociar os termos dos seus contratos com as operadoras, induzindo o mercado a dar preferência a essa modalidade.

[413] Incluído pela Medida Provisória n. 2.177-44, de 2001.

[414] O tema objeto da ADI n. 1.931/DF, ainda em curso no STF, Rel. Min. Marco Aurélio, conforme anotado no relatório: Articula com o enquadramento o enquadramento das empresas de planos de saúde na categoria de seguradoras, pois cabe a elas a cobertura dos custos de assistência médico-hospitalar, tal como ocorre com as operadoras de seguros privados de saúde. Sustenta a inconstitucionalidade formal dos diplomas impugnados. Consoante argumenta, a disciplina do funcionamento de estabelecimentos de seguros e do respectivo órgão oficial de fiscalização exige lei complementar, nos termos do artigo 192, inciso II, do Texto Maior, a revelar a impropriedade da lei ordinária e da medida provisória em jogo. Caso não se reconheça a inconstitucionalidade, por vício formal, da íntegra das duas normas, pleiteia seja assim declarada, ao menos, no que diz respeito aos dispositivos abaixo transcritos, relacionados com a autorização e o funcionamento dessas entidades, bem assim do órgão fiscalizador.

[415] As regras do CDC devem se harmonizar com as que regulamentam o funcionamento dos planos de saúde na medida em que estas estão voltadas a preservar a viabilidade econômica, financeira, a higidez e a eficiência do processo de mutualismo que mantêm tais operações, e que, ao cabo e ao final, se destinam a garantir coletivamente os direitos dos seus associados, tal como se extrai razoavelmente da orientação do STJ, Repetitivo, Tema 952, REsp.1568244/RJ, Segunda Seção, Rel. Min. Ricardo Villas Bôas Cueva, 14.12.2016: 10. TESE para os fins do art. 1.040 do CPC/2015: O reajuste de mensalidade de plano de saúde individual ou familiar fundado na mudança de faixa etária do beneficiário é válido desde que (i) haja previsão contratual, (ii) sejam observadas as normas expedidas pelos órgãos governamentais reguladores e (iii) não sejam aplicados percentuais desarrazoados ou aleatórios que, concretamente e sem base atuarial idônea, onerem excessivamente o consumidor ou discriminem o idoso. 11. CASO CONCRETO: Não restou configurada nenhuma política de preços desmedidos ou tentativa de formação, pela operadora, de "cláusula de barreira" com o intuito de afastar a usuária quase idosa da relação contratual ou do plano de saúde por impossibilidade

financeira. Longe disso, não ficou patente a onerosidade excessiva ou discriminatória, sendo, portanto, idôneos o percentual de reajuste e o aumento da mensalidade fundados na mudança de faixa etária da autora.

[416] STJ, REsp.1.632.752/PR, Terceira Turma, Rel. Min. Ricardo Villas Bôas Cueva, 22.08.2017: 5. As normas do CDC aplicam-se apenas subsidiariamente nos planos de saúde, conforme previsão do art. 35-G da Lei n. 9.656/1998. De qualquer maneira, em casos de incompatibilidade de normas, pelos critérios da especialidade e da cronologia, há evidente prevalência da lei especial nova (...) 12. Há situações em que existe dúvida jurídica razoável na interpretação de cláusula contratual, não podendo ser reputada ilegítima ou injusta, violadora de direitos imateriais, a conduta de operadora que optar pela restrição de cobertura sem ofender, em contrapartida, os deveres anexos do contrato, tal qual a boa-fé, o que afasta a pretensão de compensação de danos morais. 13. Não há falar em dano moral indenizável quando a operadora de saúde se pautar somente conforme as normas do setor. No caso, não havia consenso acerca da exegese a ser dada ao art. 10, incisos I e V, da Lei n. 9.656/1998. 14. Recurso especial parcialmente provido.

[417] TJ/SP – Súmula n. 100: O contrato de plano/seguro saúde submete-se aos ditames do Código de Defesa do Consumidor e da Lei n. 9.656/1998, ainda que a avença tenha sido celebrada antes da vigência desses diplomas legais.

[418] Em 21 de agosto de 2003, o Plenário do STF deferiu parcialmente a medida acauteladora pleiteada na ADI n. 1.931/DF, à vista também as MPs n. 1.730/1998 e 1.908-18/1998 para produzir as seguintes alterações:

AÇÃO DIRETA DE INCONSTITUCIONALIDADE. LEI ORDINÁRIA N. 9.656/98. PLANOS DE SEGUROS PRIVADOS DE ASSISTÊNCIA À SAÚDE. MEDIDA PROVISÓRIA N. 1730/98. PRELIMINAR. ILEGITIMIDADE ATIVA. INEXISTÊNCIA. AÇÃO CONHECIDA. INCONSTITUCIONALIDADES FORMAIS E OBSERVÂNCIA DO DEVIDO PROCESSO LEGAL. OFENSA AO DIREITO ADQUIRIDO E AO ATO JURÍDICO PERFEITO.

3. Inconstitucionalidade formal quanto à autorização, ao funcionamento e ao órgão fiscalizador das empresas operadoras de planos de saúde. Alterações introduzidas pela última edição da Medida Provisória n. 1.908-18/99. Modificação da natureza jurídica das empresas. Lei regulamentadora. Possibilidade. Observância do disposto no artigo 197 da Constituição Federal.

(...)

6. Artigo 35-G, *caput*, incisos I a IV, parágrafos 1º, incisos I a V, e 2º, com a nova versão dada pela Medida Provisória n. 1.908-18/99. Incidência da norma sobre cláusulas contratuais preexistentes, firmadas sob a égide do regime legal anterior. Ofensa aos princípios do direito adquirido e do ato jurídico perfeito. Ação conhecida, para suspender-lhes a eficácia até decisão final da ação.

7. Medida cautelar deferida, em parte, no que tange à suscitada violação ao artigo 5º, XXXVI, da Constituição, quanto ao artigo 35-G, hoje, renumerado como artigo 35-E pela Medida Provisória n. 1.908-18/99, de 24 de setembro de 1999; ação conhecida, em parte, quanto ao pedido de inconstitucionalidade do § 2º do artigo 10 da Lei n. 9.656/1998,

CAPÍTULO IX – BREVES ANOTAÇÕES À LEI N.9.656/98

Art. 35-H. Os expedientes que até esta data foram protocolizados na SUSEP pelas operadoras de produtos de que tratam o inciso I e o § 1º do art. 1º desta Lei e que forem encaminhados à ANS em consequência desta Lei, deverão estar acompanhados de parecer conclusivo daquela Autarquia.[423]

Art. 35-I. Responderão subsidiariamente pelos direitos contratuais e legais dos consumidores, prestadores de serviço e fornecedores, além dos débitos fiscais e trabalhistas, os bens pessoais dos diretores, administradores, gerentes e membros de conselhos da operadora de plano privado de assistência à saúde, independentemente da sua natureza jurídica.[424]

---

com a redação dada pela Medida Provisória n. 1908-18/1999, para suspender a eficácia apenas da expressão atuais e suspensão da eficácia do artigo 35-E (redação dada pela MP n. 2177-44/2001) e da expressão *artigo 35-E*, contida no artigo 3º da Medida Provisória n. 1908-18/99.

[419] Incluído pela Medida Provisória n. 2.177-44, de 2001.

[420] O tema objeto da ADI n. 1.931/DF, ainda em curso no STF, Rel. Min. Marco Aurélio, conforme anotado no relatório: Articula com o enquadramento o enquadramento das empresas de planos de saúde na categoria de seguradoras, pois cabe a elas a cobertura dos custos de assistência médico-hospitalar, tal como ocorre com as operadoras de seguros privados de saúde. Sustenta a inconstitucionalidade formal dos diplomas impugnados. Consoante argumenta, a disciplina do funcionamento de estabelecimentos de seguros e do respectivo órgão oficial de fiscalização exige lei complementar, nos termos do artigo 192, inciso II, do Texto Maior, a revelar a impropriedade da lei ordinária e da medida provisória em jogo. Caso não se reconheça a inconstitucionalidade, por vício formal, da íntegra das duas normas, pleiteia seja assim declarada, ao menos, no que diz respeito aos dispositivos abaixo transcritos, relacionados com a autorização e o funcionamento dessas entidades, bem assim do órgão fiscalizador.

[421] O autor da ADI n. 1.931/DF, ainda em curso no STF, Rel. Min. Marco Aurélio, conforme anotado no relatório, informou, em 6 de setembro de 1999, o prejuízo da ação direta no tocante à incompatibilidade, com o Texto Maior, dos artigos 35 e 35-G da Lei n. 9.656/1998, em virtude de substancial mudança efetuada pela MP n. 1.908-17/1999.

[422] O autor da ADI n. 1.931/DF, ainda em curso no STF, Rel. Min. Marco Aurélio, conforme anotado no relatório, em 27 de setembro de 1999, editou mais uma vez a inicial em razão da edição da MP n. 1.908-18/1999, informando: O artigo 35-G passou a ser denominado 35-E. O respectivo inciso veio a atribuir à Agência Nacional de Saúde a prévia autorização da variação na contraprestação pecuniária, função outrora reservada ao Ministério da Saúde.

[423] Incluído pela Medida Provisória n. 2.177-44, de 2001.

[424] Incluído pela Medida Provisória n. 2.177-44, de 2001.

Art. 35-J. O diretor técnico ou fiscal ou o liquidante são obrigados a manter sigilo relativo às informações da operadora às quais tiverem acesso em razão do exercício do encargo, sob pena de incorrer em improbidade administrativa, sem prejuízo das responsabilidades civis e penais.[425]

Art. 35-L. Os bens garantidores das provisões técnicas, fundos e provisões deverão ser registrados na ANS e não poderão ser alienados, prometidos a alienar ou, de qualquer forma, gravados sem prévia e expressa autorização, sendo nulas, de pleno direito, as alienações realizadas ou os gravames constituídos com violação deste artigo.[426]

Parágrafo único. Quando a garantia recair em bem imóvel, será obrigatoriamente inscrita no competente Cartório do Registro Geral de Imóveis, mediante requerimento firmado pela operadora de plano de assistência à saúde e pela ANS.[427]

Art. 35-M. As operadoras de produtos de que tratam o inciso I e o § 1º do art. 1º desta Lei poderão celebrar contratos de resseguro junto às empresas devidamente autorizadas a operar em tal atividade, conforme estabelecido na Lei n. 9.932, de 20 de dezembro de 1999, e regulamentações posteriores.[428]

Art. 36. Esta Lei entra em vigor noventa dias após a data de sua publicação. Brasília, 3 de junho de 1998; 177º da Independência e 110º da República.

FERNANDO HENRIQUE CARDOSO
Renan Calheiros
Pedro Malan
Waldeck Ornélas
José Serra

---

[425] Incluído pela Medida Provisória n. 2.177-44, de 2001.
[426] Incluído pela Medida Provisória n. 2.177-44, de 2001.
[427] Incluído pela Medida Provisória n. 2.177-44, de 2001.
[428] Incluído pela Medida Provisória n. 2.177-44, de 2001.

CONSIDERAÇÕES FINAIS

Como se viu, por força da regulamentação legal, os recursos financeiros sob a gestão das operadoras pertencem inequivocamente aos seus usuários, conclusão que resulta da dogmática do artigo 1º, inciso I, da Lei n. 9.656/98.

Quando busca prover a sua assistência à saúde por seus próprios meios o cidadão não deixa de ser credor da saúde pública, universalizada e gratuita de que lhe é devedor o Estado, tal qual a dogmática do artigo 196 da Constituição Federal.

O cidadão não está obrigado a pagar e o Estado não pode cobrir, de modo que qualquer ação nesse sentido é flagrantemente inconstitucional, sendo a regra do artigo 32 da Lei n. 9.656/98 uma flagrante ofensa ao programa constitucional.

No caso da saúde suplementar o Estado não tem sido o melhor interlocutor e tampouco o melhor defensor dos interesses do consumidor, dado o interesse em se desonerar das suas obrigações, embora não devesse agir assim, e de arrecadar parte dos recursos geridos pelas operadoras e pertencentes ao cidadão associado aos planos de saúde.

A ANS age como braço do Estado em clara afronta à tarefa que o Constituinte quis estabelecer para o Estado regulador e para atuação privada na saúde, resultando que sua ação transfere para o consumidor, por meio do aumento das coberturas, obrigações que seriam do Estado, onerando os fundos que pertencem aos consumidores e contribuindo para um perverso processo de concentração no setor.

Quando atua para aumentar as coberturas de modo desmesurado e com medidas que oneram os fundos pertencentes aos consumidores, sob o pressuposto da defesa do consumidor, na verdade, o Judiciário atua para mitigar os direitos do consumidor.

O melhor remédio é olhar os planos de saúde como possibilidade de cooperação para que o cidadão possa retirar dos dois sistemas, público e privado, o que eles podem oferecer de melhor.

A adoção de medidas legislativas seria um bom caminho para tornar mais claras as funções de cada um dos agentes e de modo o proteger o patrimônio do consumidor.

REFERÊNCIAS BIBLIOGRÁFICAS

BANDEIRA DE MELLO, Celso Antônio. *Curso de direito administrativo*. 29ª ed. São Paulo: Malheiros, 2001.

BARBOZA, Estefânia Maria de Queiroz. *Precedentes judiciais e segurança jurídica*. São Paulo: Saraiva, 2014.

BARCELLOS, Ana Paula de. "Constitucionalização das políticas públicas em matéria de direitos fundamentais: o controle político-social e o controle jurídico no espaço democrático". *In*: SARLET, Ingo Wolfgang; TIMM, Luciano Benetti (coord.). *Direitos fundamentais*: orçamento e "reserva do possível". 2ª ed. Porto Alegre: Livraria do Advogado, 2010.

BARROSO, Luís Roberto. "Direito intertemporal, competências funcionais e regime jurídico dos planos de saúde e seguros saúde". *In*: CARNEIRO, Luiz Augusto Ferreira. *Planos de saúde*: aspectos jurídicos e econômicos. Rio de Janeiro: Forense, 2012.

BOTTESINI, Maury Ângelo. "Contratos de planos e seguros privados de assistência à saúde: princípios básicos da atividade: suporte jurídico-legal e constitucional". *In*: CARNEIRO, Luiz Augusto Ferreira (coord.). *Planos de saúde*: aspectos jurídicos e econômicos. Rio de Janeiro: Forense, 2012.

BRANCO, Paulo Gustavo Gonet. "Liberdade de associação". *In*: CANOTILHO, José Joaquim Gomes; MENDES, Gilmar Ferreira; SARLET, Ingo Wolfgang; STRECK, Lenio Luiz; LEONCY, Léo Ferreira (coord.). *Comentários à Constituição do Brasil*. 1ª ed. São Paulo/Coimbra: Saraiva/Almedina, 2014. (Série IDP).

BRASIL. *Constituição da República Federativa do Brasil de 1988.* Disponível em http://www.planalto.gov.br/ccivil_03/constituicao/constituicao.htm. Acesso em 23.02.2015.

_____. *Lei n. 8.080, de 19 de setembro de 1990.* Dispõe sobre as condições para a promoção, proteção e recuperação da saúde, a organização e o funcionamento dos serviços correspondentes e dá outras providências. Disponível em http://www.planalto.gov.br/ccivil_03/leis/l8080.htm. Acesso em 23.02.2015.

_____. *Lei n. 9.656, de 3 de junho de 1998.* Dispõe sobre os planos e seguros privados de assistência à saúde. Disponível em http://www.planalto.gov.br/ccivil_03/leis/l9656.htm. Acesso em 23.02.2015.

BRASIL. *Lei n. 9.961 de 28 de janeiro de 2000.* Cria a Agência Nacional de Saúde Suplementar – ANS e dá outras providências. Disponível em http://www.planalto.gov.br/ccivil_03/leis/l9961.htm. Acesso em 23.02.2015.

CALIENTO, Paulo. "Reserva do possível, direitos fundamentais e tributação". *In:* SARLET, Ingo Wolfgang; TIMM, Luciano Benetti (coord.). *Direitos fundamentais, orçamento e "reserva do possível".* 2ª ed. Porto Alegre: Livraria do Advogado, 2010.

CANOTILHO, José Joaquim Gomes. *Direito constitucional*: estruturas metódicas: sentidos e conceitos básicos. 7ª ed. Coimbra: Almedina, 2008.

CANOTILHO, José Joaquim Gomes; MENDES, Gilmar Ferreira; SARLET, Ingo Wolfgang; STRECK, Lenio Luiz; LEONCY, Léo Ferreira (coord.). *Comentários à Constituição do Brasil.* 1ª ed. 4. tir. São Paulo: Saraiva; Portugal: Almedina, 2014. (Série IDP).

CARLINI, Angélica Lúcia. "Judicialização da saúde pública no Brasil". *In:* CARNEIRO, Luiz Augusto Ferreira (coord.). *Planos de saúde*: aspectos jurídicos e econômicos. Rio de Janeiro: Forense, 2012.

CARNEIRO, Luiz Augusto Ferreira (coord.). *Planos de saúde*: aspectos jurídicos e econômicos. Rio de Janeiro: Forense, 2013.

_____. "Princípios básicos de seguros e planos de saúde". *In:* _____ (coord.). *Planos de saúde*: aspectos jurídicos e econômicos. Rio de Janeiro: Forense, 2012.

CARVALHO, Guido Ivan; SANTOS, Lenir. *Sistema único de saúde*: comentários à Lei Orgânica da Saúde. (Lei 8.080/90 e Lei 8.142/90). São Paulo: Hucitec, 1992.

REFERÊNCIAS BIBLIOGRÁFICAS

CECHIN, José (coord.). *A história e os desafios da saúde suplementar*: 10 anos de regulação. São Paulo: Saraiva, 2008.

_____. "Fatos da vida e o contorno dos planos de saúde". *In:* CARNEIRO, Luiz Augusto Ferreira (coord.). *Planos de saúde, aspectos jurídicos e econômicos*. Rio de Janeiro: Forense. 2012.

CHAURAIS, Vera Lúcia Artigas. *Laudo pericial nos autos de Ação Ordinária n. 2005.70.00.028080-0*. Segunda Vara Federal da Seção Judiciária de Curitiba, 2009.

CLÈVE, Clèmerson Merlin. *Temas de direito constitucional*. 2ª ed. Belo Horizonte: Fórum, 2014.

DALLARI, Dalmo de Abreu. "Apresentação". *In:* CARVALHO, Guido Ivan; SANTOS, Lenir. *Sistema único de saúde*. São Paulo: Hucitec, 1992.

DUARTE, Élcio Oto Ramos; POZZOLO, Susanna. *Neoconstitucionalismo e positivismo jurídico*: as faces da teoria do direito em tempos de interpretação moral da constituição. São Paulo: Landy, 2006.

FERRAZ Jr., Tercio Sampaio. *Direito constitucional*. Barueri: Manole, 2007.

FIGUEIREDO, Leonardo Vizeu. *Curso de direito de saúde suplementar*: manual jurídico e seguros saúde. São Paulo: MP, 2006.

FIORAVANTI, Maurizio. *Constituición*: de la antigüedad a nuestros dias. Madrid: Editorial Trotta, 2001.

FRANÇA, Phillip Gil. *O controle da administração pública*. São Paulo: RT, 2008.

GRAU, Eros Roberto. *Ordem econômica na Constituição de 1988*. 5ª ed. São Paulo: Malheiros, 2000.

_____. *Ordem econômica na Constituição de 1988*. 14ª ed. São Paulo: Malheiros, 2010.

GRAU, Eros Roberto; CUNHA, Sérgio Sérvulo (coord.). *Estudos de direito constitucional*. São Paulo: Malheiros, 2003.

HOLMES, Stephen; SUNSTEIN, Cass. *The Cost of Rights*: Why Liberty Depends on Taxes. W. W. Norton & Company: Nova Iorque, 1999.

JUSTEN FILHO, Marçal. *O direito das agências reguladoras independentes*. São Paulo: Dialética, 2002.

LOPES, José Reinaldo de Lima. *Saúde e responsabilidade*. São Paulo: RT, 1999.

MALISKA, Marcos Augusto. *Fundamentos da constituição*: abertura – cooperação – integração. Curitiba: Juruá, 2013.

MARQUES, Claudia Lima. *Saúde e responsabilidade*. São Paulo: RT, 1999.

MATHIAS, Guilherme Valderato. "O código civil e o código do consumidor na saúde suplementar". *In:* CARNEIRO, Luiz Augusto Ferreira (coord.). *Planos de saúde*: aspectos jurídicos e econômicos. Rio de Janeiro: Forense, 2012.

MELLO, Marco Aurélio. "Saúde suplementar, segurança jurídica e equilíbrio econômico financeiro". *In:* CARNEIRO, Luiz Augusto Ferreira (coord.). *Planos de saúde*: aspectos jurídicos e econômicos. Rio de Janeiro: Forense, 2013.

MENDES, Gilmar; COELHO, Inocêncio Mártires; BRANCO, Paulo Gustavo Gonet. *Curso de direito constitucional*. 2ª ed. São Paulo: Saraiva, 2008.

MINISTÉRIO DA SAÚDE/AGÊNCIA NACIONAL DE SAÚDE SUPLEMENTAR (ANS). *Caderno de informação de saúde suplementar*: beneficiários, operadoras e planos. Rio de Janeiro: ANS, jun. 2014.

MIRAGEM, Bruno. *A nova administração pública e o direito administrativo*. 2ª ed. São Paulo: Revista dos Tribunais, 2013.

MONTONE, Januário. *10 anos da lei geral dos planos de saúde*. Rio de Janeiro: Medbook, 2009.

_____. *Planos de saúde, passado e futuro*. Rio de Janeiro: Medbook, 2009.

NABAIS, José Casalta. *O dever fundamental de pagar impostos*. Coimbra: Almedina, 2009.

NUNES, Rizzatto. "Aspectos históricos". *In:* CANOTILHO, José Joaquim Gomes; MENDES, Gilmar Ferreira; SARLET, Ingo Wolfgang; STRECK, Lenio Luiz; LEONCY, Léo Ferreira (coord.). *Comentários à Constituição do Brasil*. 1ª ed. São Paulo: Saraiva; Portugal: Almedina, 2014. (Série IDP).

PORTER, E. Michel; TEISBERG, Elizabeth Olsmsted. *Repensando a saúde*. Porto Alegre: Bookman, 2008.

RAMOS, José Saulo. "Serviços de saúde prestados pela iniciativa privada e o contrato de seguro-saúde". *Cadernos de Direito Constitucional e Ciência Política*, São Paulo, vol. 3, n. 12, pp. 280-305, jul./set. 1995.

SANTOS, Boaventura de Sousa. *Um discurso sobre as ciências*. 8ª ed. Porto: Afrontamento, 1996.

REFERÊNCIAS BIBLIOGRÁFICAS

SARLET, Ingo Wolfgang. "Saúde suplementar". *In:* CANOTILHO, José Joaquim Gomes; MENDES, Gilmar Ferreira; SARLET, Ingo Wolfgang; STRECK, Lenio Luiz; LEONCY, Léo Ferreira (coord.). *Comentários à Constituição do Brasil*. 1ª ed. São Paulo: Saraiva; Portugal: Almedina, 2014. (Série IDP), pp. 1942-1944.

_____. *A eficácia dos direitos fundamentais*: uma teoria geral dos direitos fundamentais na perspectiva constitucional. 11ª ed. Porto Alegre: Livraria do Advogado, 2012.

SCHAEFER, Fernanda. *Responsabilidade civil dos planos e seguros de saúde*. Curitiba: Juruá, 2003.

SCHIER, Paulo Ricardo. *Filtragem constitucional*: construindo uma nova dogmática jurídica. Porto Alegre: Sérgio Antonio Fabris, 1999.

SCHULMAN, Gabriel. *Planos de saúde*. Rio de Janeiro: Renovar, 2009.

SIQUEIRA, Oswaldo Bacellar. *Laudo Pericial nos autos de Ação Ordinária n. 2007.70.00.025350-6*. Vara Ambiental de Curitiba, 2008.

SILVA, José Afonso. *Aplicabilidade das normas constitucionais*. 3ª ed. São Paulo: Malheiros, 1998.

SILVA, José Afonso. *Curso de direito constitucional positivo*. 17ª ed. São Paulo: Malheiros, 2000.

_____. *Comentário contextual à constituição*. 6ª ed. São Paulo: Malheiros, 2009.

SILVA, José Luiz Toro da. *Manual de direito da saúde suplementar*: a iniciativa privada e os planos de saúde. São Paulo: M. A. Pontes, 2005.

SILVEIRA, Mário Magalhães. *Política Nacional de Saúde Pública*. Rio de Janeiro: Revan, 2005.

SOUZA, Jessé; LUNA, Lara. "Fazer viver e deixar morrer: a má-fé da saúde pública no Brasil". *In:* SOUZA, Jessé (coord.). *A ralé brasileira*: quem é e como vive. São Paulo: Editora Contracorrente, 2018, pp. 329-356.

SOUZA NETO, Pereira; SARMENTO, Daniel (coord.). *Direitos sociais, fundamentos, judicialização e direitos sociais em espécie*. Rio de Janeiro: Lumes Juris, 2010.

SOUZA, Jessé. *A ralé brasileira, como é e como vive*: quem é e como vive. São Paulo: Editora Contracorrente, 2018.

A Editora Contracorrente se preocupa com todos os detalhes de suas obras! Aos curiosos, informamos que esse livro foi impresso no mês de Março de 2018, em papel Polén Soft, pela Gráfica R.R. Donnelley.